BARRY LONG

SEXUELLE LIEBE

auf göttliche Weise

SEXUELLE LIEBE

auf göttliche Weise

BARRY LONG

MB-Verlag

16. Auflage, 2020

Im Vertrieb von Neue Erde Verlag
Cecilienstr. 29, D 66111 Saarbrücken
Tel. 06 81 - 59 53 98-0 Fax 06 81 - 390 41 02

Original Ausgabe veröffentlicht in Englisch von Barry Long Books,
BCM Box 876, London WC1N 3XX England
als Buch und CD jeweils unter dem Titel
'Making Love: Sexual Love The Divine Way',
Barry Long Books, www.barrylongbooks.com

Informationen über Barry Long's Werke in Deutsch:
auf www.barrylongweb.com
Informationen in Englisch:
auf www.barrylong.org oder über
The Barry Long Foundation International
contact@barrylong.org

Umschlaggestaltung: Christina Dreesen
Umschlagfoto: NASA, ESA, CXC, M. Bradac (University of
California, Santa Barbara), and S. Allen (Stanford University)
Foto von Barry Long: Ambyr Johnston
Übersetzung: Ingrid Hasenhündl und Corina Titz
Bearbeitung: Ulrich Leske, Susanne Sußner, Martin Braun
Satz: Hubert Walter, Freiburg
Druck: A + K Druck, Schneckenlohe

Anmerkung zur 14. Auflage:
Die Ausgabe wurde grammatikalisch und stilistisch überarbeitet.
Der Inhalt ist gleichgeblieben.
Außerdem wurde der Umschlag neu gestaltet.

ISBN 978-3-980 7509-1-2

Inhalt

Über Barry Long

Barry Long ist ein Australier, der weltweit Menschen die Wahrheit über das Leben und die Liebe sagt. Er ist einer der spirituellen Meister unserer Zeit. Seine Lehre umfasst nicht nur die gesamten menschlichen Erfahrungen, sondern erstreckt sich bis hin zu den tiefsten Ausläufern des Bewusstseins. Viele würden aber wohl sagen, dass sein herausragender Beitrag zu ihrem Alltagsleben seine Lehre von der sexuellen Liebe ist.

Barry Longs spirituelles Erwachen begann 1957 im Alter von 31 Jahren als glücklicher Familienvater und erfolgreicher Journalist. Seine Liebe zu Gott war so tief, dass sie eine innere Krise mit extremem emotionalen Schmerz auslöste. Schließlich traf er eine Frau und liebte sie mit solcher Intensität, dass die Liebe zu Gott und zur Frau ein und dasselbe wurden. Eine Vision offenbarte ihm, dass sie, seine göttliche Geliebte, die Frau in allen Frauen, Gott war.

Während der folgenden zwanzig Jahre setzten sich Barry Longs spirituelle Verwirklichungen fort, und allmählich fühlten sich Schüler zu ihm hingezogen. In den achtziger Jahren kamen immer mehr zu ihm, und er wurde als ein geradliniger, kompromissloser Lehrer bekannt, zuerst in England und später in Australien.

Von 1990 bis 1993 reiste er durch die Welt und gab in Europa und Amerika viele Seminare. Im Kontext seiner umfassenderen Lehre sprach er die fundamentalen Themen des Mangels an Liebe und des sexuellen Elends an und lehrte Männer und Frauen, ihre Partnerschaften durch gegenseitige Aufrichtigkeit in Ordnung zu bringen. Indem er so zum Kern des Problems vorstieß, half er durch sein Mitgefühl und seinen praktischen Verstand vielen Paaren neu anzufangen, sei es zusammen oder getrennt.

Während all dieser Zeit blieb Barry Long beständig in der Liebe zur Frau. Sie ist immer an seiner Seite. In tiefen und dauerhaften Partnerschaften hat er seine Erkenntnis der Liebe mitten im Alltagsleben wirklich werden lassen. Was wir in diesem Buch finden, ist genau dieses verwirklichte Wissen göttlicher Liebe.

Es ist eine radikale, nicht immer einfache Lehre. Aber viele, die vor dir kamen, können bezeugen, dass der Wandel, den sie hervorbringt, das ist, was du ersehnst. Wird diese tantrische Lehre der höchsten Stufe in unseren verworrenen Beziehungen angewandt, so kann die Frau die Liebe sein, die sie in Wahrheit ist, und der Mann kann sich ihrer würdiger erweisen.

Einleitung

Der englische Text dieses Buches wurde geschrieben, um auf zwei Audio-Kassetten aufgenommen zu werden. Erstmalig wurde er 1984 veröffentlicht. Die zweite Veröffentlichung im Jahre 1995 enthielt einige Ergänzungen, weil meine Lehre sich weiterentwickelt hatte, so wie die Liebe sich immer weiterentwickelt. Die Kassetten waren für viele tausend Männer und Frauen in vielen Ländern hilfreich. Ich habe erfahren, dass sie weit mehr kopiert und verbreitet worden sind als ich es wusste. Obwohl sie von vielen Therapeuten genutzt werden, war ich nie Anhänger irgendeines anderen Lehrers oder irgendeiner anderen Lehre. Ich propagiere keine sexuelle Lehre außer meiner eigenen. Ich bevollmächtige auch niemanden, der in meinem Namen lehrt oder der sagt, er sei durch meine Kassetten inspiriert worden. Die Kassetten und dieses Buch sind für den einzelnen Mann oder die einzelne Frau zur Umsetzung in die Praxis bestimmt; sie sind nicht dafür gedacht, dass andere danach lehren.

Alle echten Lehrer der Liebe schöpfen allein aus ihrer eigenen Inspiration und Erfahrung.

So wichtig die Praxis der Liebe für meine Lehre ist, ist sie doch nicht alles, was ich lehre. Um richtig körperlich zu lieben, bedarf es des aufrichtigen und echten Bestrebens, die Wahrheit in allen anderen Bereichen deines Lebens zu leben. Zum Beispiel ist es notwendig, damit zu beginnen, die äußeren Umstände deines Lebens in Ordnung zu bringen, denn wenn du Probleme mit einer Beziehung oder Situation hast, wirst du nicht in der Lage sein, das Maß an innerer Stille zu erreichen, das für wahre Sexualität nötig ist. Beim physischen Lieben geht es nicht nur darum, körperlich zu lieben, es geht darum, deine Liebe und dein Leben von Sorgen zu befreien.

Dieses Buch ist eine umfassende Grundlage für göttliches Lieben zwischen Mann und Frau. Bitte benutze es, um deine sexuelle Gier und Frustration abzubauen und beginne, die Liebe als das zu entdecken, was sie wirklich ist, und nicht als das, was du über sie denkst oder für wünschenswert hältst.

Barry Long

Der Sinn

Ich lehre Männer und Frauen, der Liebe treu und in ihren Beziehungen aufrichtig zu sein. Ich helfe ihnen, eine göttliche Liebe zu entdecken, die über alle sexuellen Vorstellungen hinausgeht. Der Schlüssel zum Mysterium göttlicher Liebe ist, die Liebe zu sehen, wie sie ist, und nicht wie du glaubst sie zu kennen oder wie du sie dir gerne vorstellst.

Dieses Buch ist für Partner bestimmt, die sich danach sehnen, die Wahrheit über die Liebe in sich und im anderen zu finden. Indem du und dein Partner aufmerksam lest, was ich zu sagen habe, und es in den kommenden Monaten und Jahren geduldig und beharrlich anwendet, könnt ihr eine echtere, göttlichere Liebe entdecken. Dies richtig zu machen, ist nicht leicht. Du wirst es manchmal vielleicht sogar als hoffnungslos ansehen. Aber beim Lesen dieses Buches wirst du immer daran erinnert werden, dass deine Liebe einen Sinn hat.

Ohne Sinn *ist* die Liebe hoffnungslos, wie du schon weißt, sonst würdest du dies jetzt nicht lesen. Wie du in der Welt um dich herum sehen kannst, ist die Liebe auf diesem Planeten in einem heillosen Durcheinander. Aber in diesem Buch werde ich dir den Sinn der Liebe und deinen individuellen Platz in der Liebe oder im Leben auf der Erde zeigen.

Ursache des meisten Unglücks auf der Welt ist, dass Männer und Frauen tatsächlich vergessen haben, wie man körperlich liebt. Das ist die größte Tragödie aller Zeiten. Dieses Vergessen hat sich über viele Jahrtausende hinweg so verschlimmert, dass es nun zu einer Tragödie für die gesamte Menschheit geworden ist. Das bedeutet, dass nur der einzelne Mann oder die einzelne Frau eine Chance haben, dies zu korrigieren. Es kann keine Massenlösung geben. Das Problem ist zu persönlich und zu tief. Jeder muss es alleine schaffen, oder es ist gar nicht zu schaffen.

Ich schlage vor, dass du dieses Buch immer wieder liest. Jedesmal wirst du neue Einsichten in die Liebe gewinnen.

Göttliche und menschliche Liebe

Das grundlegende Leiden der Frau, ihre beständige Unzufriedenheit, entsteht, weil der Mann sie nicht mehr körperlich erreichen kann. Ihre emotionale Maßlosigkeit, ihre Depression, ihre Frustration, sogar prämenstruale Spannungen und die Zustände, die zu Hysterektomie und anderen Gebärmutterproblemen führen, sind auf das sexuelle Versagen des Mannes zurückzuführen, der während des Liebesaktes ihre feinsten und tiefsten weiblichen Energien nicht zu sammeln oder freizusetzen vermag. Diese unglaublich schönen göttlichen Energien sind intensiv und exquisit, und wenn sie in der Frau unerschlossen bleiben, wie es jetzt der Fall ist, entarten sie zu psychischen oder emotionalen Störungen und verfestigen sich schließlich zu physischen Anomalien. Der Schoß gebiert alle Dinge.

Das grundsätzliche Leiden des Mannes, seine ständige Rastlosigkeit, entsteht, weil er vergessen hat, wie man liebt, und er dadurch seine ursprüngliche göttliche Autorität aufgegeben und die sexuelle Kontrolle über sich verloren hat. Seine emotionale oder psychische Degenerierung äußert sich in Sexbesessenheit. Jeder Mann, ohne Ausnahme, ist sexbesessen. Das bedeutet zwanghaftes sexuelles Phantasieren, chronisches Onanieren - auch wenn er mit einer Partnerin zusammenlebt - Unterdrückung der Sexualität, was zu Wut und Gewalt führt, und universelle Symptome wie Arbeitswut und die Jagd nach Reichtum. Geschäftigkeit und das Anhäufen von Reichtümern kompensieren, dass er ein untauglicher Liebhaber ist und sind (bei beiden Geschlechtern) Deckmäntelchen für die Unfähigkeit zu lieben oder die Furcht vor der Liebe. Durch seine Vernachlässigung der Liebe, seine Vernachlässigung der Frau, leidet der Mann an vorzeitiger Ejakulation, Schuldgefühlen, Ängstlichkeit, Selbstzweifeln, Impotenz, sexueller Verkümmerung, die sich als sexuelles Desinteresse maskiert, sexueller Abstinenz aufgrund von unterdrückter Versagensangst, sexueller Angeberei und Mangel an wahrem Wissen. All das mutet er der Frau zu und verschlimmert damit ihre grundlegende Unzufriedenheit und seine eigene Unruhe.

Ganz gleich, wie sehr eine Frau ihren Mann liebt und ihm ihre Liebe schenken will, sie wird und kann ihm nicht all ihre göttlichen Energien geben, wenn er noch nicht ganz er selbst, nicht voll integriert oder auf die Liebe ausgerichtet ist. Da sehr wenige Männer eins mit sich sind, wächst der Abgrund des Leids zwischen Mann und Frau immer weiter.

Um ein gänzlich integrierter Mann zu sein, muss ein Mann die göttlichen weiblichen Energien, die die Frau nur beim richtigen physischen Lieben freigeben kann, in seinen Körper aufnehmen. Aber der Mann muss Manns genug sein. Er muss in der Lage sein, sie genug zu lieben, das heißt, sie während des Liebesaktes göttlich bzw. selbstlos zu lieben. Er muss in der Lage sein, genug Liebe in seinem Körper aufzunehmen und auszudrücken, um ihren höchsten Teil zu erreichen, und genug zu lieben, um die göttlichen Energien ihres innersten Kerns freizusetzen. Die Fähigkeit, die Frau in dieser Weise zu lieben, ist die Autorität, die der Mann verloren hat, seine einzig wahre Autorität über die Frau.

Dies erfordert reine Liebe. Es hängt von keiner Technik ab. Ein Mann mag seine sexuelle Technik verbessern, aber um göttlich zu lieben, nützt ihm kein Fachwissen. Aufregende Empfindungen und Orgasmen sind angenehm und geben ihm eine Art von Autorität. Aber dies ist nicht die Liebe, die die Frau ersehnt. Er wird sie vielleicht befriedigen, wie es ein gutes Essen tut. Aber bald hat sie wieder Hunger und wird schließlich ihren Appetit oder sich selbst verachten, weil sie weiß, dass sie nicht geliebt wird.

Der Mann hat darin versagt, der Liebe zu dienen und körperlich der Frau zu dienen, die die Personifizierung der Liebe ist. Die Strafe für den Mann ist die tyrannische Emotionalität der Frau. Eines Tages wird sie ihn, wann immer er liebt oder zu lieben versucht, schockieren, betäuben, vernichten, indem sie sich plötzlich als die Furie zeigt, als der lebendige weibliche Dämon der Emotion.

Die Furie zeigt sich dann, wenn er an der Frau hängt und nicht einfach fortgehen kann. Ein Mann, der den Hass der Furie noch nicht erfahren hat, hat die Liebe noch nicht erfahren. Eine Frau, die sich noch nicht selbst als Furie erlebt hat, ist noch nicht mit ihrer Liebe verbunden.

Für den Mann ist die weibliche Furie der Emotion die Hölle auf Erden. Dies ist der Teil in ihr, mit dem er nicht umgehen und den er nicht verstehen kann. Der Dämon seines eigenen Versagens in der Liebe wird lebendig, um ihn zu verschmähen, herunterzumachen und zu quälen. Er hat schreckliche Angst davor. Er blufft und mogelt sich durch. Schließlich, wenn er in der Beziehung alt wird und um des lieben Friedens willen aufgibt, wird ihn die Furie bezwingen und dazu bringen, die letzten Überreste seiner Männlichkeit und Autorität aufzugeben. Dann werden beide gemeinsam alt und fühlen sich sicher, sind aber halb tot, während sie in der schrecklichen Welt des Kompromisses aneinanderlehnen.

Solange die Welt weiterbesteht wie bisher, wird die Furie den Mann nie sein Versagen, die Frau richtig zu lieben, vergessen lassen. Die Frau muss geliebt werden. Die Zukunft der Menschheit hängt davon ab, dass die Frau geliebt wird. Denn nur wenn die Frau wirklich geliebt wird, kann der Mann wirklich er selbst sein und seine verlorene Autorität zurückgewinnen. Nur dann kann auf Erden wieder Frieden einkehren. Doch die

Frau, wie sie jetzt ist, kann nicht lange - oder für immer - von dem Mann, wie er jetzt ist, geliebt werden. Zusammen sind sie in einem Teufelskreis gefangen. Und wenn sie ihren eigenen Vorstellungen von der Liebe überlassen werden, gibt es keinen Ausweg.

*

Am Anfang der Zeit, als die Welt gerade entstand, war der Zustand von Mann und Frau völlig anders. Der Beginn der Zeit und der Welt ist nicht sehr lange her verglichen mit dem Anfang des Universums oder der Erde. Die Erde ist nicht die Welt. Die Welt wurde vom Menschen geschaffen. Die Welt entstand vor ungefähr 12 000 Jahren, als der Mensch sich zum ersten Mal mit dem physischen Tod identifizierte. An diesem Punkt begann die Zeit und die Idee des Morgen und der Kontinuität, auf der die Welt aufbaut. Davor gab es nur die Vergangenheit, die bis zu den ersten Lebensformen zurückreichte. Und vor dem Leben auf der Erde gab es weder Zeit noch Vergangenheit. Es gab nur die Gegenwart, die Präsenz bzw. Zeitlosigkeit. Zeit ist kein Prozess, durch den die Dinge besser werden. Zeit ist der Prozess, durch den die Dinge schlimmer werden. Und die Dinge sind sehr viel schlimmer geworden für Mann und Frau und ihre Liebe, seit sie um 10 000 vor Christus angefangen haben, in die Zeit und in Selbstvergessenheit abzugleiten.

Du magst sagen, das klingt wie ein Mythos. Es ist ein Mythos. Aber kein Mythos als Sage oder Dichtung. Was ich beschreiben werde, ist die Wahrheit. Wahrer Mythos ist die einzige Möglichkeit, die uns bleibt, die Wahrheit über den ursprünglichen Zustand von Mann und Frau auf der Erde mitzuteilen. Sei deshalb bitte so still und empfänglich, wie du kannst. Lass deinen kritischen Verstand ruhen, während ich dir den Mythos oder die Wahrheit über Mann und Frau skizziere, deinen eigenen ursprünglichen Zustand, den du wiederzuerlangen versuchst, indem du heute in der Zeit liebst und lebst.

Vor ungefähr 12 000 Jahren waren die individuellen Körper von Mann und Frau ständig von einer herrlichen goldenen Lichtkugel oder einem Glorienschein umgeben. Vom Solarplexus ausstrahlend, breitete er sich sichtbar bis über den Kopf aus, bis in den Boden hinein und über die ausgestreckten Arme hinaus. Die Lichtkugel der Frauen war von einem etwas tieferen

Gold als die der Männer. Aber beide hatten dieselbe blendende, edle und wunderschöne Qualität.

Die Frau war reine Liebe der heitere, passive Pol menschlicher spiritueller Liebe auf der Erde. Der Mann, der aktive und positive Pol, war auch Liebe, aber nicht die reine Liebe im gleichen Sinn. Seine Liebe war die reine Autorität - das maskuline Prinzip als Beschützer der Liebe oder der Frau auf der Erde. Er bzw. seine Liebe waren verantwortlich dafür, dass die goldene, göttliche Qualität der Liebe zwischen Mann und Frau erhalten blieb. Die Brillanz ihrer Lichtkreise reflektierten jederzeit die Intensität und Reinheit dieser Liebe.

Ihr körperliches Lieben war ekstatisch. Die so erzeugte göttliche Energie war so mächtig, dass die Lichtkreise ihrer Körper nach dem Liebesakt mit unglaublicher Pracht leuchteten. Dieser aus sich selbst leuchtende Schein des Geistes oder der Liebe, der in beiden durch körperliche Vereinigung erzeugt wurde, war der Ausdruck ihrer Göttlichkeit auf Erden. Denn am Beginn der Zeit waren Männer und Frauen Götter, und sie erhielten die Bewusstheit und Präsenz ihrer Göttlichkeit, ihre Zeitlosigkeit, aufrecht, indem sie sich göttlich körperlich liebten.

Der Glorienschein, die goldene Energie, war ihr Kommunikationsmittel, gleich, ob sie zusammen oder getrennt waren. Seine Ausdehnung ging weit über die sichtbare Grenze hinaus, und jeder war durch ihn in ständiger, ungestörter Verbindung mit dem anderen, in Schweigen und Stille, im gemeinsamen Bewusstsein reiner Liebe: Gott.

Wenn einer der beiden Glorienscheine neue Energie benötigte, zog es Mann und Frau zueinander und sie 'machten' Liebe, machten Gott. Als die einzigen beiden bewussten physischen Pole der Liebe auf der Erde erhellten sie sich gegenseitig und gaben sich Energie. Er erweckte ihre Liebe zu neuem Leben, während sie seine Liebe und Autorität erneuerte. Die Kommunikation zwischen ihnen war so vollkommen, dass es der Sprache nicht bedurfte. Die Sprache entwickelte sich mit der Zeit. Sie entwickelte sich, als Männer und Frauen begannen, das Lieben zu vergessen und sich in Zeit zu verlieren, um andere Dinge zu tun, um die Welt zu erbauen. So vergaßen Männer und Frauen, wie sie immer sie selbst sein können, und als sie es versäumten, sich göttlich körperlich zu lieben, verlor ihr Glorienschein und ihr Bewusstsein die goldene Verbindung zu Gott.

Sie mussten beginnen, über den sich zwischen ihnen entwickelnden Abstand hinweg zu sprechen. Und dann entstanden aus der Distanz des Sprechens Missverständnisse und Emotionen. Als die Zeit oder Lieblosigkeit in die Körper von Mann und Frau eindrang, ersetzte die Sprache die Unmittelbarkeit und Fülle der Liebe. Das Vokabular wuchs immer weiter an. Statt Liebe zu *sein,* erklärten sie: „Ich liebe dich.“ Und sie ersetzten die Liebe durch viele Worte.

Die Intensität des Glorienscheines blieb bei einigen Menschen länger als bei anderen erhalten. Aber als die Zeit und die Vergangenheit in jedem zunahm, wurden die Dinge unerbittlich schlechter. Innerhalb von ein paar tausend Jahren hatten die meisten Männer und Frauen völlig vergessen, wie man liebt und Liebe zu sein. Obwohl sie scheinbar den gleichen körperlichen Akt vollzogen, waren sie unfähig, göttliche Energie freizusetzen oder zu erzeugen, oder in sich selbst den lebendigen Geist oder die Präsenz der Liebe, als das Zeitlose, zu verkörpern. Ihre Körper waren nicht mehr in Liebe verbunden, sondern durch Zeit und Emotion. Aus reiner Liebe machten sie emotionale, fordernde Liebe und statt spirituell erleuchtete Kinder zu erzeugen, erzeugten sie emotional abhängige Kinder.

Die Frau war jetzt verwirrt und ständig unzufrieden. Der Mann, der jetzt seine Autorität verloren hatte, war nun mit ihr ungeduldig. Und im Versuch, einen Ersatz für seine verlorene Autorität zu finden, wurde er zu einem immerzu geschäftigen und unruhigen Wesen. Da er keine Autorität mehr hatte, die Frau zu kontrollieren, benutzte er seine überlegene körperliche und ökonomische Stärke, um sie in eine untergeordnete soziale Position zu zwingen, vor allem indem er die Liebe zu ihren Kindern ausbeutete. Das machte sie so rasend, dass es die Furie ins Leben rief, die - solange es Zeit gab - nie sein Unrecht und seine Besudelung der Liebe vergessen oder vergeben würde.

Der menschliche Wettlauf, der Wettlauf in die Zeit, hatte begonnen.

*

Einige wenige Männer und Frauen bewahrten sich einen Teil der Fähigkeit, göttlich zu lieben, indem sie bewusst nicht körperlich liebten. Das waren die Mystiker, Heiligen und Asketen. Sie richteten ihre

Aufmerksamkeit nach innen und liebten die göttlichen Energien in ihrem eigenen Körper. Indem sie sich weigerten, sich mit anderen Körpern zu vereinigen, die sich jetzt mit Zeit und Emotion in Form von Unzufriedenheit und Unruhe füllten, erhielten sie sich selbst relativ rein. Aber es war eine blasse und unausgewogene Reinheit, verglichen mit der vollen, reichen ursprünglichen Ausstrahlung. Durch das Verleugnen des irdischen Bedürfnisses nach Vereinigung mit dem anderen Geschlecht war die Alternative der Heiligen im Grunde exklusiv, unnatürlich und selbstsüchtig, trotz ihrer überheblichen Frömmigkeit und ihres Idealismus. Folglich entstanden daraus nur halb integrierte, nur teilweise göttliche Männer und Frauen.

Die Dinge verschlimmerten sich zusehends. Das Ergebnis zeigte sich in den Lichtkugeln und Glorienscheinen, die allmählich immer kleiner und dunkler wurden, bis sie nur noch in einem kleinen Lichtkreis um den Kopf herum bestanden. Man kann das heute in alten Gemälden und Ikonen sehen, vor allem von christlichen Heiligen. Diese geschrumpften Miniatur-Heiligenscheine zeigen, wie beschränkt und formalisiert die Vorstellungen der Menschen von der irdischen Liebe geworden war. Indem sie die Ganzheit ihrer Körper ausschlossen von der göttlichen Vereinigung mit dem anderen Geschlecht und Liebe nur auf die Abstraktionen des Verstandes gründeten, wurde der Glorienschein darauf reduziert, nur den Kopf zu umkreisen oder bestenfalls den oberen Teil des Körpers.

Die Annahme des Keuschheitsgelübdes durch die Mystiker war eine große Tragödie für die Menschheit. Mystiker und Heilige hätten alles zum Guten wenden können, wenn sie selbstloser gehandelt hätten. Man könnte sagen, dass sie durch das Einströmen der Zeit keine Wahl hatten. Zumindest haben sie es auf ihre Weise geschafft, etwas reine göttliche Liebe auf der Erde zu erhalten, bis selbst die Heiligkeit unter dem Gewicht der Zeit so gut wie verschwand. Die Wahrheit ist jedoch: Sie liebten nicht genug. Sie liebten ihren Mitmenschen nicht mit genügend goldener Intensität, um durch den Liebesakt in den göttlichen Geist in ihren Körpern eintauchen zu können. Zu lieben, um Anleitung oder ein inspirierendes Beispiel zu geben, war ein zu großes Opfer für sie.

Trotz ihrer göttlichen Liebe, und von der Zeit überschwemmt wie der Rest der Menschheit, hatten die Mystiker und Heiligen völlig vergessen, wie man körperlich liebt. Aber das war ihnen nicht bewusst, und sie waren sehr emotional bei diesem Thema. Sie machten sogar eine Tugend aus ihrer Vergesslichkeit. Das wurde besonders offensichtlich zu der Zeit, als die christliche Kirche zum Vorschein kam. In ihrer unerbittlichen heiligen Leidenschaft, verunsichert und von Schuldgefühlen geplagt, brandmarkten christliche Heilige die körperliche Liebe. Wie der Mob, der schrie: „Kreuzigt ihn!", verurteilten sie die Liebe, die sie fürchteten und nicht verstanden. Oder sie blieben unbeteiligt. Obwohl sie sich mitleidend und mitfühlend sekundären Leiden der Menschheit, wie Armut, Krankheit und Gewalt, zuwandten, vermieden sie immer das zentrale Thema der körperlichen Liebe, die Ursache für das Grundübel auf der Erde, ihr eigenes eingeschlossen. Sogar Jesus, wenn wir seinen Priestern glauben wollen, vermied das Thema völlig und hinterließ nicht ein einziges Wort der Anleitung für Männer und Frauen, deren unermüdliches Bestreben es - heute wie damals - ist, physisch zu lieben. Für diese auffällige Vernachlässigung der Sexualität in seinen Lehren trägt der Messias eine große Verantwortung, falls man seinen Priestern und Deutern glaubt.

Heilige Männer und Frauen haben jeden im Westen mit ihren eigenen schrecklichen Schuldgefühlen belastet, sowie mit der Vorstellung, dass körperliche Liebe eine Sünde ist, für die man in der Hölle brennen muss. Wieviele Milliarden unschuldiger Jungen und Mädchen, Männer und Frauen haben wegen sexueller Schuldgefühle die Hölle auf Erden erlitten und tun das heute noch, nur wegen des mangelnden Mutes der christlichen Heiligen zu lieben? „Gott mache mich keusch, aber nicht heute", betete der heilige Augustinus. Warum bat er Gott nicht darum, ihm zu zeigen, weshalb er die Frauen so sehr liebte, dass er nicht von ihnen lassen konnte, anstatt für ein intellektuelles Ideal zu beten, das einfach nicht der Wahrheit entsprach?

Die Christen, ihre Heiligen und all die keuschen Mönche, Asketen und Anhänger aller Religionen, die sich von der körperlichen Liebe abwandten, versuchten also ihre Hände rein zu halten von dem wirklichen Chaos der Liebe, in dem normale Männer und Frauen leben müssen. „Gott ist genug", sagten sie. Aber ist das wahr, wenn du kein Heiliger bist? Ist es wahr für dich? Oder sehnst du dich danach, zu lieben und vielleicht etwas Erhabenes, Reines und Göttliches dabei zu spüren, von dem du weißt, dass es existiert und dass du es finden musst?

Die Liebe wird hier auf der Erde gebraucht, und sie beginnt zwischen dir und mir, zwischen Mann und Frau. Wir können uns nicht heraushalten aus der Realität der Liebe auf der Erde und die Liebe an einen anderen Ort versetzen, in irgendeinen Himmel. Die Liebe wird nicht von Gott gebraucht, der an jenem anderen Ort ja der Quell der Liebe ist. Wenn du zu Gott fliehen willst in deiner Liebe und Männer und Frauen hinter dir lässt, dann helfe dir Gott. Du wirst nie vollständig sein. Männer und Frauen brauchen den Gott der Liebe mitten im Getümmel, hier auf der Erde und nicht irgendwo anders, wo die Liebe schon ist und sie nicht sind. Nur du und ich zusammen können diese Liebe, diesen Gott, hier schaffen. Es ist der Mangel an Liebe oder der Mangel an Gott zwischen uns, der die heutige Welt an den Rand der Vernichtung durch uns selbst gebracht hat.

Wo ist der Ursprung aller Liebe auf Erden - sogar der Liebe Gottes - wenn nicht im körperlichen Lieben? Ist denn nicht jeder - sogar der weltfremde Heilige - aus physischer Liebe geboren?

Ist es intelligent, die Möglichkeit zu leugnen, dass die süßeste natürliche körperliche Empfindung, deren zwei menschliche Wesen gemeinsam auf der Erde fähig sind, auf eine Realität verweist? Ist das nicht der offensichtlichste Ort, wo wir anfangen sollten, nach göttlicher Liebe zu suchen?

Hat man dir beigebracht, „Gott zu lieben"? Niemand auf Erden kann Gott durch einen Willensakt lieben. Wie kannst du lieben, wenn du nicht liebst? Was würdest du sagen, wenn ich von dir verlangen würde: „Sei hungrig", wenn du nicht hungrig bist?

Oder vielleicht hat man von dir verlangt, „alle Menschen zu lieben". Wie kannst du alle Menschen lieben? Ist das wirklich möglich ? Ist denn jeder so liebenswert?

Liebst du wirklich deine Feinde? Hast du deinen Kindern heute - nicht letzte Weihnachten - gesagt, dass sie jene lieben sollen, die sie schlagen oder schikanieren? Wenn dich heute einer ärgert, sieh' mal hin, ob du ihn liebst.

Seien wir aufrichtig. Seien wir ehrlich zu uns. Wir würden alle gerne jeden lieben. Aber können wir bitte erst einmal mit unserem Partner beginnen?

Vielleicht sagst du: „Liebe jeden trotz der natürlichen Tendenz, lieblos zu sein. Das ist die Aufgabe!" Es gibt keine Aufgabe, keine Pflicht, keine Mühsal in der Liebe. Liebe als Aufgabe zu sehen bedeutet, dem schamvollen, schuldbeladenen, weltfremden Weg zu folgen. Das ist nicht der Weg zur Liebe.

Du fängst zu lieben an, indem du körperlich liebst. Das ist ohnehin das, was du wie jeder andere auf Erden am liebsten tun würdest. Aber du musst lernen, wie man richtig liebt, nämlich ohne Genusssucht, ohne nach emotionaler Befriedigung und Genugtuung für dich selbst zu suchen.

Mit den sexuellen Gewohnheiten und Gelüsten eines Lebens zu brechen, dauert einige Zeit und benötigt viel Liebe. Es wird nicht einfach sein. Aber du wirst durch das Gefühl der Richtigkeit wissen, dass du auf dem Weg bist zurück zu einer realeren, erfüllenderen Liebe. Schließlich, nachdem du gelernt hast, wahrhaft körperlich zu lieben und angefangen hast, deinen goldenen Glorienschein zu erneuern, wirst du merken, dass du entdeckt hast, wie du deine Mitmenschen und wie du Gott lieben kannst.

*

Die Frau hat zu lieben gelernt durch den Mann, der nicht weiß, wie man liebt. Daher das schreckliche Chaos, in dem sich die Liebe befindet. Seit Anbeginn der Zeit wurde die Frau manipuliert und dazu ermutigt zu glauben, es sei der beste Ausdruck ihrer Liebe, Männer sexuell zu befriedigen. In Wahrheit ist es genau umgekehrt. Der beste Ausdruck von Liebe ist, wenn der Mann sie sexuell erfreut. Das kann er nur, wenn er aufhören kann, sich mit Orgasmus und Erregung zu beschäftigen und selbstlos genug oder liebevoll präsent ist, um ihre göttlichen Energien zu sammeln und zu empfangen. Für ihn sind diese der schönste Ausdruck ihrer Liebe.

Indem er sie über die Jahrhunderte gelehrt hat, ihm zu gefallen und ihn sexuell zu befriedigen, hat der Mann der Frau beigebracht, ihn zu begehren und sich sexuell darzustellen, um für ihn aufregend zu sein. Er machte sie emotional und physisch abhängig von seiner sexuellen Zuwendung. Und er tat dies, indem er sie in der Liebe vernachlässigte.

Die Frau hatte keine Bestätigung der Liebe, ihrer wahren Natur, weil da kein Mann war, der sie richtig liebte. Sie gab sich also mit sexueller Erregung zufrieden, denn der Mann hatte sie davon überzeugt, dass dies Liebe sei. Der Mann machte sie süchtig danach, indem er sie lehrte, dass körperliche Liebe keinen anderen Sinn hat, als Kinder in die Welt zu setzen oder sich selbstsüchtig zu vergnügen.

Der Mann in seiner Selbstsucht brachte der Frau bei, selbstsüchtig zu sein. Er lehrte sie, ihn sexuell zu erregen, wann immer keine Liebe da war und sich durch Kleidung, Make-up, Tanz und Posieren zur gegenseitigen Unterhaltung als sexuell bereit darzustellen. Und er ermutigte sie, sich von ihm durch Fingerstimulation der Klitoris zum Orgasmus bringen zu lassen, und sich dabei selbst zu erregen, statt die Schönheit ihres ganzen Körpers zu lieben.

Die lieblose Droge Sex betäubte sie, und wie alle Süchte erzeugte sie Angst; die Angst, ihn oder seine Aufmerksamkeit zu verlieren und die Angst vor anderen Frauen in Form von Eifersucht und weiblicher Konkurrenz. Wenn sie ihn nicht befriedigte, würde es bald eine andere Frau tun. Und damit einher ging der einschüchternde Gedanke, den ihr alle Sexualpartner einpflanzten, dass sie ganz alleine gelassen würde, wenn sie sich nicht fügte.

Als Reaktion auf diese männliche Niedertracht entdeckte die Frau die Macht der Möse; die Macht, den Mann zu reizen und zu manipulieren, ohne ihn zu befriedigen, oder ihm die Befriedigung zu verweigern, wenn er sie wollte. Aber der Zauber der Mösenmacht, der größtenteils nur auf Einbildung beruhte, ließ bald nach, wenn sie ihm erlaubt hatte, in ihren Körper einzudringen. Er wurde ihrer bald überdrüssig und ging mit einer anderen Frau weg.

Die unbewusste Abhängigkeit der Frau von der schwankenden sexuellen Aufmerksamkeit des Mannes bestimmt ihre Partnerwahl. Sie sucht sich entweder einen aufregenden Mann, von dem sie glaubt, ihn kontrollieren zu können, oder einen liebenswürdigen und sicheren Partner, den sie in aller Ruhe nach ihren Wünschen hinbiegen kann. Beide Arten von Partnerschaft enden gewöhnlich in der Katastrophe oder in Langeweile und Gleichgültigkeit.

Männliche Sexualität wird im Geschlechtsverkehr auf die Frau übertragen und, weil sie (die Sexualität) substantiell ist, bleibt sie in ihr. Das Resultat ist ein immer wiederkehrender, leichter Schatten von Depression, den sie nicht erklären kann, aber als normal akzeptiert. Er trübt ihre Wahrnehmung, lässt sie emotional und nicht sie selbst sein. Die gleiche männliche Sexualität ist der aktive, nach außen gerichtete, selbstsüchtige Antrieb, der die Welt zu einem gewalttätigen und lieblosen Ort gemacht hat. In der Frau beeinflusst dieser destruktive Schatten des Mannes unterschwellig ihre Partnerwahl. Deshalb ist es sehr selten „der Richtige". Der männliche Schatten in ihr ist der Zweifel. Und es ist der Schatten, der wählt. Solange die Frau das Recht haben will, zu wählen, muss sie eine Wahl treffen und muss dann mit dem Schatten leben: dem Zweifel an dem Mann und an ihr selbst.

Die Frau in ihrem natürlichen Zustand ist nicht vom Mann abhängig. Sie liebt ihn, und in der Liebe gibt es keine Abhängigkeit, keine Anhaftung und keine Verlustangst. Sie ist das passive, anziehende Prinzip. Sie ist ein unwiderstehlicher, lebendiger Magnet. Sie zieht den richtigen Mann an, der sie wahrhaft und göttlich liebt. Da gibt es keine Wahl.

Es braucht Zeit für die Frau von heute, zu ihrem natürlichen, goldenen Zustand zurückzukehren. Aber nachdem sie genug unter der männlichen Sexualität gelitten hat, lernt sie allmählich, keinen Kompromiss einzugehen, wo nicht genug Liebe da ist. Das bringt ihr schließlich den Mann, der den Schatten von der Frau - seiner Liebe - entfernen kann.

Eine Frau ist immer nur wegen der mangelnden Liebe des Mannes ihrer wahren Natur entfremdet. Sie flüchtet sich in ihre Träume, um seiner Sexualität zu entkommen. Ihre Kinder sind schon seit Langem ein Ersatz für seine Liebe. Anders als der Mann kann eine echte Frau ohne Geschlechtsverkehr oder Onanie leben. Sie wartet auf Liebe, nicht auf Sex. Die Frau begehrt den Mann nur, wenn sie sich mit der männlichen Sexualität identifiziert, die er in ihr hervorgerufen hat. „Nymphomanie" ist eine männliche Erfindung und eine Projektion seiner Phantasie, genauso wie Sexshops, Pornographie und Prostitution, die alle am Leben erhalten werden durch männliche Sexualität und einen Mangel an Liebe aller Beteiligten.

Die Frau ist vom Mann getäuscht und einer krankhaften Gehirnwäsche unterzogen worden. Und während sich die moderne Frau zu dem Fortschritt gratuliert, die männliche Dominanz in der Welt abzubauen, merkt sie nicht, dass sie so stark wie eh und je von seiner orgasmus-orientierten Sexualität und seinem klitoralen Ersatz für Liebe abhängig ist. Ihre Proteste betreffen eigentlich das Thema Liebe, nicht das Thema Gleichberechtigung. Aber das wird in der schrillen männlichen Arena nicht gehört. Es ist die Welt des Mannes, und er erbaute sie mit der Stärke der sexuellen Aggression. Die männliche Herrschaft begann durch Sex, und durch Sex hält sie unvermindert an. Die Frauen können diese Situation nicht ändern, indem sie hinter Fahnen hermarschieren oder sich vom Sex zurückziehen. Sie haben über die Jahrhunderte alle ihnen zur Verfügung stehenden Mittel ausprobiert. Keines hat gewirkt, und keines wird wirken. Die Lösung liegt jetzt jenseits jeder persönlichen oder sozialen Tat. Nur das Bewusstsein jenseits der Person oder göttliche Tat können helfen.

Frau, lass mich dich fragen: Hast du wirklich irgendeine Vorstellung, wie du dich von der männlichen sexuellen Herrschaft befreien kannst? Wie du echte Liebe in dein Leben zurückbringen kannst? Irgendeine Idee, wie du und dein Partner lernen können, wirklich zu lieben? Liebe wirklich greifbar zu machen, so dass ihr tatsächlich gemeinsam Liebe ins Leben rufen könnt und darauf bauen könnt, so lange ihr beiden zusammen seid? Hast du eine?

Wenn du eine Antwort hast, sprich sie bitte aus. Sprich sie jetzt laut aus, zu dir oder zu jemand anderem, bevor ich sie dir sage. Oder bevor du in Versuchung kommst zu sagen, du hättest das schon immer gewusst, nachdem ich dir die Antwort gegeben habe.

Nun gut, was auch immer deine Antwort sein mag, ich bitte dich, sie loszulassen. Um Liebe zu finden, musst du all deine vorgefassten Meinungen aufgeben. Der einzige Weg zur Liebe ist, für das Neue offen zu sein, jetzt.

*

Jetzt spreche ich zu Männern und Frauen: Wenn ihr Liebe in euer sexuelles Leben bringen wollt, braucht ihr neue Energie. Diese Energie beginnt mit Ehrlichkeit – Ehrlichkeit euch selbst und dem Leben gegenüber.

Hier sind drei Dinge, die ihr tun könnt, um die nötige Energie zu sammeln:

Höre dich zugeben, dass dein Liebesleben nicht gut genug ist. Du musst dies aussprechen. Sage es laut. Höre es, so dass es kein Verstecken gibt, kein psychologisches Flüchten. Es ist nicht genug, es nur innerlich zu wissen. So stirbt die Liebe zwischen Liebenden. Sie denken, es ist genug, innerlich zu wissen, dass sie lieben, und es nicht mehr zu sagen. Wenn es dann zu spät ist, schluchzen sie und schreien ihre Liebe hinaus, aber die Türen sind schon zugeschlagen, und das Haus ist leer. Sage es jetzt, so dass dein ganzes Wesen es hören kann: „Unser Liebesleben ist nicht gut genug."

Dann gib dir gegenüber zu, dass du nicht weißt, wie du dieses Problem lösen kannst, dass du machtlos bist. Sieh ein, dass du nichts tun kannst, außer immer die gleichen Handlungen zu wiederholen, die Männer und Frauen in ihrer Verzweiflung und Hoffnungslosigkeit schon immer erfolglos ausgeführt haben, seit sie sich das erste Mal verliebten und Zeit oder Emotionen begannen, zwischen sie zu kommen. Sei ehrlich. Wenn du die Antworten schon kennst, warum hast du dann nicht entsprechend gehandelt? Und wenn du die Antwort hast, warum liest du dann dieses Buch?

Und schließlich gib zu, dass du es nicht alleine tun kannst, dass du Hilfe brauchst. Denn wenn du aufgibst, wenn du wirklich in Demut loslässt, ist Hilfe in dir selbst immer da. Und dann kann sie auch äußerlich erscheinen.

Solche Ehrlichkeit und Selbsterkenntnis erzeugt Leidenschaft, die Macht der Liebe und echter Verbindlichkeit im Leben. Das Wort Leidenschaft kommt von Leiden; nicht vom Leiden der Liebe, sondern vom Leiden des Selbst. Es ist die Auflösung oder der Tod des Selbst, was wahre Leidenschaft hervorbringt.

Das Selbst besteht aus all deinen vergangenen und mentalen Leiden, die bis heute in deinem Unterbewusstsein fortbestehen. Und die mächtigste Komponente des Selbst ist sexuelles Unglück: all die gebrochenen Herzen, die Unzufriedenheit und die sexuellen Frustrationen, an denen du seit deinen frühesten sexuellen Erfahrungen gelitten hast. Mit anderen Worten: Das Selbst ist die Unwissenheit in der Liebe und der Schmerz, der dadurch erzeugt wird.

Wie alles andere, was existiert, will das Selbst natürlich nicht sterben. Es wird genährt durch die Liebe zum Selbst statt durch die Liebe zur Liebe. Jedoch kommt für jeden die Zeit, da das Selbst sterben *muss* - wie alles. Das ist der Moment, in dem die Liebe tiefer in den Körper kommt, und wenn das Selbst aufgelöst wird, (dies ist immer ein schmerzhafter, traumatischer Prozess) dann ist echte Leidenschaft da, wie schon am Anfang.

Zum goldenen Zustand der Liebe zurückzukehren in dieser verwirrten, unwissenden Zeit, ist nicht leicht. Aber wenn du den Mut und die Ehrlichkeit hast und wirklich deine Freiheit und Liebe ersehnst, werde ich dich dahin führen, dass du sie leben kannst.

Eine Lektion in der Liebe

Ich habe davon gesprochen, wie weit Männer und Frauen heute von der göttlichen und goldenen Liebe entfernt sind, die ihr Geburtsrecht ist. Jetzt sind wir an dem Punkt, dieses Recht einzufordern. Ich werde dich durch mehrere Schritte führen, ein Programm mit Lektionen in der Praxis der Liebe, wenn du so willst; und ich bitte dich, die Schritte genau zu befolgen und sie in deinem eigenen Rhythmus während der nächsten Monate und Jahre umzusetzen. Das ist ein Prozess. Jeder Schritt ist ein Mittel, nicht das Ziel. Die Anweisungen dieses Buches führen dich immer näher an die Realität der Liebe heran. Du kannst jedoch nichts beschleunigen oder durch deinen eigenen Willen herbeiführen. Die Liebe muss in dir arbeiten können, und dies wird sie auch tun. Am Anfang und auch noch eine ganze Weile musst du vieles verlernen und viele Gewohnheiten ablegen.

Zunächst einmal gibt es vier Voraussetzungen: Verpflichtung, Emotionslosigkeit, Übung und Beharrlichkeit.

Beide Partner müssen sich verpflichten.

Um euch auf diese neue Art lieben zu lernen, müsst ihr euch beide verpflichten, die nötigen Schritte zu tun. Ihr solltet beide dieses Buch lesen, am besten gemeinsam und laut, zumindest am Anfang. Glaubt nicht, dass es genügt, es ein- oder zweimal zu lesen. Ihr müsst beide willens sein, den Anweisungen zu folgen. Passt sie sinnvoll eurer eigenen Situation an, wenn ihr es für nötig haltet.

Gebt nicht auf, egal, wie schwer die Dinge werden oder wie oft ihr zu versagen scheint. Seid euch eines höheren Zweckes bewusst. Ihr seid beide am

Projekt der Wiedergewinnung der göttlichen Liebe auf diesem Planeten beteiligt, was auch immer dies für euch persönlich jetzt bedeuten mag.

Wenn du dies liest, aber im Moment keinen Partner hast, wird es dich auf die Zeit vorbereiten, wenn du einen hast. Für dich ist dies eine Übung, die Fehler zu sehen, die du in der Vergangenheit gemacht hast.

Liebt euch ohne Emotionen oder Phantasien.

Ihr werdet üben, euch ohne Emotionen oder Phantasien zu lieben. Der Sinn dessen ist der, dass ihr lernt, alles den beiden Körpern zu überlassen und euer gewohnheitsmäßig kontrollierendes Selbst auszuschalten.

Ihr werdet es vielleicht nicht beim ersten Versuch begreifen - vielleicht aber doch.

Zu Anfang wird euch der Liebesakt seltsam erscheinen, sogar kalt.

Liebt euch häufig.

Liebt euch, sooft ihr könnt. Denn nur durch das Lieben, oder in der Bemühung darum, könnt ihr

Liebe schaffen. Je weniger ihr Liebe praktiziert, desto mehr lebt ihr euch auseinander. Erlaubt keine großen Abstände.

Ich wiederhole: Liebt euch. Keine Ausreden. Bringt die Körper zusammen und seht.

Bitte seid beharrlich!

Früher oder später wird es einen Rückschlag geben, wenn Emotionen oder das Selbst ins Spiel kommen. Aber lasst euch nicht entmutigen. Bleibt dran, liebt weiter.

Wenn die Emotion in einem oder euch beiden zu groß ist, um Aufrichtigkeit oder Liebe zu ermöglichen, dann hört auf und versucht es am nächsten Tag wieder. Die Verbindung wird wiederkommen. Oder sie wird plötzlich kommen und dann wieder nachlassen, wenn ihr durch eine weitere Welle von Emotionen geht, die euch trennt.

Einige dieser emotionalen Phasen können mehrere Tage dauern. Dabei kann es sogar passieren, dass ihr euch nicht mögt. Das Lieben mag euch dann unmöglich erscheinen. Aber versucht es, wenn ihr könnt.

Ihr könnt euch nicht von aller Vergangenheit auf einmal freimachen. Auch nicht in ein paar Wochen. In der Tat müsst ihr für den Rest eures Lebens daran arbeiten. All diese Zeit werdet ihr mehr Liebe praktizieren und dadurch liebender und bewusster werden.

*

Als nächstes werde ich einige Dinge darüber sagen, wie ihr in Aufrichtigkeit und Liebe zusammen sein könnt.

Seid nicht unabhängig.

Während der Vorbereitung zum Lieben und beim Liebesakt selbst lasst keine Gedanken zu oder trefft keine Entscheidungen, die von eurem Partner unabhängig sind. Alles muss gemeinsam getan und gemeinsam diskutiert und beobachtet werden, während ihr es tut.

Kein langes Schweigen.

Sprecht unablässig miteinander, teilt euch in Worten mit, welche körperlichen Empfindungen ihr habt. Wenn ihr Vergnügen empfindet, dann sagt es. Sagt: „Das ist schön", wenn es so ist. Sagt, was ihr tatsächlich fühlt, nicht was ihr denkt. Ihr sollt nicht denken. Ihr sollt sein: Das bedeutet ihr sollt nicht das, was ihr denkt, anschauen, sondern die Empfindungen im Körper. Indem ihr mit Worten kommuniziert, bleibt ihr bewusst und präsent gegenüber dem anderen.

Kein Geschlechtsverkehr mit häufig wechselnden Partnern.

Verstreut euch nicht sexuell. Bewahrt die Energie dieser Praxis. Sie ist kostbar. Partner, die bereit sind, sich zu binden, sind nicht leicht zu finden. Bleibe bei dem einen, wenn du ihn oder sie einmal gefunden hast. Partner, die sich nicht binden, werden dich schwächen und dein Vertrauen erschüttern.

Wenn du keinen Partner hast, rate ich dir zu warten. Gehe nicht mit jemandem nur um emotionaler

Genugtuung oder sexueller Befriedigung willen. Warte bis jemand kommt, der genug Liebe hat, mit dir den Weg so zu gehen, wie ich ihn aufzeige. Wenn du jemanden triffst und ihr gern zusammen seid, sei von Anfang an aufrichtig. Sage ihm oder ihr die Wahrheit; dass du bestrebt bist zu lieben und durch Liebe und Aufrichtigkeit - aufrichtige Liebe - bewusster werden willst. Übernimm die Verantwortung. Sprich darüber, was das bedeutet. Und wenn du ernsthaft und ehrlich in Bezug auf das Lieben bist, wirst du irgendwann jemanden anziehen, der den Beginn in dieses große Abenteuer mit dir teilt.

Wenn die Partnerschaft nach einer Weile endet, ist nichts wirklich verloren. Ihr habt beide an Liebe und Bewusstheit gewonnen und könnt das nächste Mal sehr viel liebender und aufrichtiger sein.

Seid verletzlich in der Liebe.

Das ist äußerst wichtig, vor allem für die Frau. Schneide dich nicht ab, weil du früher einmal verletzt wurdest. Sei mutig für die Liebe. Wende dich nach außen - die Liebe wird dir helfen. Lass die Angst dich nicht verhärten. Die Verletzungen kamen durch Emotionen und zu wenig Liebe in euch beiden. Das ist Vergangenheit. Lasst sie gehen. Jetzt, da ihr beginnt zu verstehen, was Lieben bedeutet, habt ihr die einfache Antwort auf die Verletzungen und den einfachsten Schutz dagegen, nämlich sich nur dann zu lieben, wenn genug Liebe da ist, um miteinander aufrichtig und präsent zu sein.

Verliebe dich nicht – sei in der Liebe.

Verliebt sein bedeutet, die Augen zu schließen, dein wunderbares Bewusstsein abzuschalten und ins Traumland abzudriften, während du wach bist. Das kann nur im Unheil enden, weil du dann in deiner Phantasie bist und nicht siehst, was passiert. Aber *sei* in der Liebe. Sei immer in der Liebe, wenn du liebst. Denn in der Liebe zu sein und die Liebe frisch und neu zu erhalten, benötigt ungeheure Aufmerksamkeit und ungeheure Präsenz.

Sei in dieser Weise in der Liebe, und eure Liebe wird nicht enden. Denn die Liebe hat kein Ende. Verliebst du dich, so wird deine Liebe enden.

*

Für euch beide ist der bewusste Sinn des Liebens, die Emotionalität in euch abzubauen. Und der nächste Schritt ist, den Moment abzupassen, wenn die Emotion auftaucht und zu sehen, weshalb du es zugelassen hast. Ich werde fünf Bereiche von Emotionalität aufzählen, die deine Fähigkeit zu lieben schwächen können. Diese sind: Zweifel, Unlust, Übererregbarkeit, Abwehr und Streit.

Einigt euch darüber, wann und wo ihr euch lieben werdet.

Ihr solltet beide gemeinsam vorher entscheiden, wann ihr vorhabt euch zu lieben. Gebt euch genügend Zeit. Keine Eile. Keine vermeidbaren Ablenkungen.

Es ist absolut erforderlich, dass die Frau bei ihrer Entscheidung bleibt, Liebe zu praktizieren. Wenn es wegen der Arbeit oder der Kinder eine Verzögerung gibt, muss sie dem Mann klarmachen, dass sie, wenn die Zeit kommt, weder Kopfschmerzen noch keine Lust hat, noch zu müde sein wird. Sie muss die Verantwortung für sich übernehmen, genauso wie er. Ihre erklärte Haltung muss sein: „Ich werde mit dir Liebe praktizieren. Es gibt keinen Grund, ungeduldig oder zweifelnd zu sein. Ich werde meine Meinung nicht ändern".

Sonst wird er, wenn die Zeit näher kommt, ängstlich, erregt und ungeduldig werden. Er kann das nicht verhindern, wenn es irgendeine Gelegenheit zum Liebesakt gibt. Seine unbewusste Angst ist, dass sie sich anders entscheidet, dass es aus irgendeinem Grund nicht dazu kommt. Aufregung kommt daher, dass man ein Ziel anstrebt, in diesem Fall einen Orgasmus; und der Mann muss noch lernen, dass Lieben kein Ziel ist, kein Orgasmus, dass, wenn er lieben kann ohne Ziel, seine Frau ständig und zu jeder Zeit bereit dazu ist.

Wer ist nicht zur Liebe bereit? Nur die, die die Liebe nicht kennen.

Also muss die Frau bewusst die steigende Erregung des Mannes dämpfen, indem sie immer wieder ihre Bereitschaft bekräftigt. Die unterschwellige Unerreichbarkeit der Frau erregt den Mann und macht ihn zum hoffnungslosen Liebhaber, denn dann begehrt er sie, statt sie zu lieben; und Begehren erschöpft sich bald oder ermüdet, wie jede Frau weiß, die je einen Mann erregt hat.

Andererseits, wenn eure körperliche Beziehung leblos und ausgelaugt ist, wird das Problem nicht die Erregung sein, sondern wie ihr jeden Moment, in dem ihr euch begegnet, neu, frisch und präsent sein könnt.

Liebe zu praktizieren, wie ich es beschreibe, wird euch beiden einen neuen Zugang, ein neues energiegeladenes Interesse daran geben, herauszufinden, ob es funktioniert. Das wird helfen, das alte gewohnheitsmäßige Selbst herauszuhalten und die Gegenwart hereinzulassen.

„Aber ich habe keine Lust." Nichts mehr davon! Mach dir keine Sorgen darüber, ob „du dich danach fühlst körperlich zu lieben". Das ist eine emotionale Ablenkung. Die Körper lieben es sich zu lieben. Der Teil in dir, der Lust hat oder auch nicht, ist das Problem; der emotionale Kontrolleur, das Selbst, das sich in den Weg stellt. Überlasse es den Körpern, und sie werden sich lieben. Halte dich so weit wie möglich heraus.

Halte die sexuelle Temperatur niedrig.

Aufgrund des angeborenen Mangels an sexueller Erregbarkeit der Frau wird sie wahrscheinlich stärker oder geradliniger sein als der Mann und wird wahrscheinlich besser den Geist dessen verstehen, was ich versuche zu vermitteln. Sie muss den Mann aufrichtig halten, indem sie darauf achtet, dass er nicht in seine Phantasien abgleitet. Denn ohne dass er es merkt, wird sein Verstand erotische und sexuelle Bilder oder Gedanken produzieren, die nichts mit der Frau zu tun haben, mit der er gerade zusammen ist. Sie muss ständig daran arbeiten, seine sexuelle Temperatur niedrig zu halten. Vielleicht sagt er: „Das ist ja wie ein Arztbesuch!" Mache einen Witz, wenn du möchtest, und lächle. Sich auf diese Weise zu lieben mag durchaus so steril erscheinen wie ein Arztbesuch. So soll es auch sein, bis du deine alten Gewohnheiten durchbrichst.

Widerstehe der Emotion.

Die Frau kann ganz plötzlich aus dem Gleichgewicht kommen, vor allem dann, wenn ihre Menstruation naht, wo sie oft dem Mann und sich selbst gegenüber voller Abwehr und Misstrauen ist. Dieses Misstrauen ist global und spiegelt ihre uralte Ausbeutung durch den Mann mittels der Kinder wider, die sie beschützen muss.

Zudem ist ihre weibliche Wahrnehmung in dieser Zeit geschärft und steht im Konflikt mit der männlichen Emotionalität in ihr, die versucht, sich nach außen in die Männerwelt zu projizieren. Sie kann verwirrt und ihrer Rolle unsicher werden, so dass auch er sie in der Aufrichtigkeit halten muss. Er muss wachsam sein und aufpassen, dass sie präsent bleibt.

Klagt euch nicht gegenseitig an.

Ihr dürft euch nicht gegenseitig den Vorwurf machen, emotional zu sein, denn dies erzeugt nur immer mehr Emotionen. Wenn einer von euch vermutet, dass der Partner emotional oder nicht aufrichtig ist, muss er eine Frage stellen, wie zum Beispiel: „Was fühlst du jetzt gerade?" oder „Ist das jetzt wahr?" Beziehe dich immer auf das Jetzt, nicht auf gestern. Wenn jeder von euch ehrlich antwortet und du präsent bleibst, wie du es dir vorgenommen hast, wirst du sehen, dass du emotional bist - wenn du es bist. Dann, wenn du es zugibst, ohne zu diskutieren oder dich zu rechtfertigen, wird sich die Emotion auflösen und die Liebe wird bleiben. Sprecht weiter, aber bleibt immer bei der Sache, nämlich was ihr beide jetzt tut und fühlt. Vertraut einander. Hört einander zu.

Fangt nicht an zu träumen, haltet euch gegenseitig präsent. Sei nicht verstimmt, wenn dein Partner sagt, du bist nicht präsent. Widerstehe dem Drang, etwas zu erwidern. Es gibt nichts zu verteidigen, wenn du aufrichtig und ehrlich bist. Entdeckt gemeinsam. Hört einander. Ihr werdet bald herausfinden, wie es funktioniert.

*

Jetzt komme ich zu den Vorbereitungen zum Liebesakt. Erinnert euch daran, dass das Ziel ist, bewusst die Erregbarkeit zu senken. Deshalb müsst ihr euer gewohntes Vorspiel aufgeben, das ihr benutzt habt, um euch zu erregen.

Der Zeitpunkt ist da.

Ihr habt euch geeinigt, euch zu lieben, und jetzt ist es so weit. Zieht euch im gleichen Raum aus. Lasst das Licht an. Kein Verstecken. Seid nicht konzentriert. Lieben ist eine ernste Angelegenheit, aber nicht so ernst. Seid heiter. Ihr könnt lächeln. Hebt die Mundwinkel an und lächelt. Seid präsent. Seid in diesem Raum zusammen, seid jetzt. Steht nackt und getrennt voneinander. Seht euch an - Augen und Körper. Seht eure Körper an. Kein Urteil, kein Denken. Denkt nicht daran, was geschehen wird oder was ihr tun werdet.

Und seid bitte nicht befangen. Bleibt bei der Liebe. Fangt damit an, euren Körper anzunehmen, euer Körper zu sein, mit all seinen Fehlern. Wenn du bemerkst, dass dein Partner befangen ist, hilf ihm, hilf ihr. Lächle. Sieh etwas Gutes. Suche nach der Schönheit des inneren Wesens, die durch den Körper nach außen dringt. Sie ist da. Sieh sie. Sag es. Sei psychisch nackt. Sei unschuldig. Sei neu. Schau nicht zurück. Sei du selbst, genauso, wie du bist - jetzt. Sei verletzlich. Du hast nichts zu verlieren, was nicht schon vor langer, langer Zeit verloren ging.

Während ihr euch anseht, tut das ohne Phantasien. Springt nicht aus diesem Moment in die nächste Aktion hinein. Wenn ihr denkt oder in die Phantasie geht, wird das wahrscheinlich dazu führen, dass ihr, wenn die Zeit kommt, jemand anderen mit einer Vagina oder einem Penis liebt, der nicht wirklich anwesend ist.

Habt ihr den Drang, euch zu lieben, verloren? Nein, nicht wirklich, denn der Körper verliert den Drang zu lieben nicht. Er genießt es immer zu lieben, solange du, der Kontrolleur, nicht im Wege stehst.

Legt euch hin und umarmt euch. An diesem Punkt ist es wahrscheinlich, dass die Phantasie aktiv wird, wenn du über die Schulter deines Partners schaust oder die Augen schließt. Also: schließ deine Augen nicht. Fühle den Leib deines Partners, den Rücken, die Arme. Denke nicht. Fühle und halte die Augen offen.

Er gibt ihr.

Er liebkost und streichelt sie. Sie liebkost und hält ihn, in Liebe. Aber sie darf in dieser Phase nicht seine Genitalien streicheln. Sie bleibt passiv, empfänglich, aber zurückhaltend. Seine Aufgabe ist es, sie zu erfreuen und zu entzücken, ihr zu geben, ohne sich selbst zu erregen. Er ist nur darauf ausgerichtet, sie zu erfreuen. Das wird ihm Freude bereiten, ohne Emotion. Das ist das Wichtigste, was er sich merken muss: Er darf nichts für sich nehmen. Er muss geben – und wieder geben. Und wieder.

Küssen:

Wenn du küsst, küsse sanft und leicht auf die Lippen und den Körper, aber benutze nicht deine Zunge. Liebende verstecken und verlieren sich durch Zungenküsse. Die Zunge kann wie ein emotionaler Penis benutzt werden. Liebe vollzieht sich bewusst in der Vagina, und da bist du noch nicht. Es darf keinen Ersatz geben für die Liebe des Penis' in der Vagina. Später, wenn ihr gelernt habt, dort ganz präsent zu sein, könnt ihr alles tun, was eure gegenseitige Leidenschaft verlangt.

Fühle deine Liebe im Solarplexus.

Richte deine Aufmerksamkeit auf den Solarplexus, denn dort beginnt die Leidenschaft, bevor sie in die Genitalien fließt. Die Frau wird wahrscheinlich ihren Solarplexus eher fühlen können als der Mann. In seiner Erregung kann er diesen Schritt verpassen und sich sofort mit der Emotion in seinem Penis verbinden.

Bleibe in der Liebe. Halte dich und deinen Partner präsent, indem du - laut - sagst, was du fühlst. Wenn du spürst, wie die Leidenschaft, Erregung oder Aufregung ansteigt, sage es.

Der Mann kann dabei seine Erektion verlieren.

Der Mann hat vielleicht gar keine Erektion; oder, wenn er eine hat, verliert er sie eventuell. Er ist vielleicht so abhängig von seinen Phantasien geworden, dass er ohne sie keine Erektion bekommen kann. Das ist wahrscheinlich, wenn sein Lieben in der Vergangenheit mechanisch war. Wenn er eine Erektion hat und sie dann verliert, weil der Reiz der Phantasie fehlt, dann ist das eine gute Sache. Denn er wird mit weniger Wahrscheinlichkeit vorzeitig ejakulieren, wenn er schließlich in ihr eine Erektion bekommt.

Eine Erektion ist nur in der Vagina erforderlich, dort, wo Liebe erzeugt wird. Also braucht er in dieser Phase keine Erektion. Er braucht keine Erektion, um sich leidenschaftlich und liebend zu fühlen, oder um den spirituellen Duft ihrer weiblichen Präsenz einzuatmen. Er kann ihre Brüste küssen und ihre Genitalien streicheln (ohne Penetration mit den Fingern) und ihr durch seine Hände seine Liebe zeigen. Wenn er sie so liebt, wird ihre Leidenschaft steigen.

Wenn er eine volle Erektion außerhalb der Vagina hat, schwebt er schon in Gefahr, emotional zu sein. Das ist heutzutage normal, und es sollte ihn nicht entmutigen. Er muss nur versuchen, den imaginierten Stimulus herauszuhalten und muss sehr bewusst und innerlich ruhig sein, wenn er in sie eindringt, sonst kann er frühzeitig ejakulieren. Ein außerhalb der Vagina erigierter Penis hat normalerweise einen eigenen, emotionalen Willen, der nichts anderes als der Drang des Verlangens ist. Innerhalb der Vagina kann ein Mann diesen Drang benutzen, um seinen Höhepunkt zu unterdrücken. Aber da Unterdrückung nicht Liebe ist, wird der Liebesakt nicht befriedigend sein, weder für ihn noch für sie. Im Endeffekt wird die Ejakulation gemeistert durch die Geschwindigkeit des Bewusstseins bzw. der Präsenz, die in der Abwesenheit jeglicher Selbstrücksicht entsteht.

Bevor er in sie eindringt, genießen sie einander und halten gleichzeitig bewusst ihre Erregung in Grenzen. Er ist wachsam und achtet darauf, dass sie wirklich präsent ist, vor allem dann, wenn sie seine Liebkosungen genießt. Sie spricht zu ihm und erinnert ihn daran, seine sexuelle Erregung unter Kontrolle zu halten, und hilft ihm Pausen zu machen und so den Drang seines Verlangens zu brechen. Sie sprechen ständig weiter, und zwar immer darüber, was jeder der beiden jetzt fühlt. Erinnert euch: kein langes Schweigen. Keine seligen Anfälle von Euphorie. Wenn die Empfindung süß, schön, angenehm, herrlich ist (welches Wort auch immer das passende sei), dann sagt die Frau das. Seine Aufgabe ist es, sie zu lieben, indem er sie erfreut und sie erwidert seine Zärtlichkeit und erweist ihr Anerkennung.

Ihre Gefühle und Emotionen beachtet sie nicht. Ihr Ziel ist es, die Empfindung in ihrem Körper zu *sein.* Sie bringt ihr Bewusstsein genau in den Teil des Körpers, wo das Vergnügen ist.

Ziel ist es, die Erregung im Zaum zu halten. Deshalb soll das Vorspiel minimal sein. Oft wird es gar kein Vorspiel geben. Vorspiel ist wie eine Vorüberlegung; eine Art vorsätzliche Absicht. Du arbeitest auf die erregende Aussicht des kommenden Vergnügens hin. Oder du wiederholst in dir angenehme Gefühle aus der Vergangenheit. Die Gegenwart, also die absichtslose Liebe, wird ignoriert. Wenn ihr beide sicher seid, dass ihr bei dem Vergnügen bleiben könnt, ohne euch zu erregen, könnt ihr euch dem Liebesspiel hingeben. Ich werde später mehr darüber sagen, aber zuerst müsst ihr das Lieben ohne Erregung üben.

*

Also, bringt eure Körper zusammen und liebt euch. Denkt daran: Haltet eure Phantasie in Schach, driftet nicht ins Denken ab. Euer Ziel ist es, euch jeden Moment des Vergnügens bewusst zu sein. Wenn ihr zusammenkommt, macht euch frei von Emotionen. Mit anderen Worten: Ihr seid in Liebe präsent, aber frei von Erinnerung, frei von Vergangenheit. Ihr seid bewusst, geduldig, rücksichtsvoll, gebend und könnt auch die heitere Seite der Situation sehen, wenn es für euch so ist.

Er dringt sanft und liebevoll in sie ein.

Sanfte Festigkeit ist der Weg der Liebe. Nichts darf erzwungen werden. Wenn nötig, benutzt ein Gleitmittel. Der Mann muss langsam in sie eindringen. Während er eindringt, ist er eins mit der Empfindung in seinem Penis. Das heißt, er muss fühlen, was sein

Penis in jedem Moment fühlt - nicht nur den Drang, den Druck seines eigenen Wollens. Er muss den Unterschied erkennen lernen.

Falls er keine volle Erektion hat, kann sie ihm in die Vagina hineinhelfen. Sie vermeidet es, seinen Penis zu streicheln, um ihn zu stimulieren. Wenn es zwischen den beiden genug Liebe gibt, wird seine Erektion genügend stark sein, um in sie einzudringen. Oder er wird sich an sie schmiegen, bis die Liebe durchkommt. Nichts darf übereilt oder erzwungen werden. Einmal in der Vagina, wird der Penis voller werden oder ganz erigieren. Der Mann wird selbst erkennen, dass der Penis in der Vagina immer reagiert, ohne dass eine vorherige Stimulierung notwendig ist, wenn beide Partner genügend Präsenz und Liebe haben. Es ist das gleiche, wenn der Mann anscheinend impotent ist. Bringt den weichen Penis in die Vagina. Wartet geduldig. Oder steht auf und versucht es später noch einmal; oder am nächsten Tag.

Ihr schaltet um auf die Liebe als die führende Macht, und ihr müsst Vertrauen in sie haben. Sobald die Kommunikation da ist und die Liebe fließt, wird der Penis sich plötzlich wie ein lebendiges Wesen bewegen und sich zur Vagina hin ausdehnen. Das wird euch beide erstaunen, vor allem den Mann, und ihr werdet beginnen, die wundervolle Macht und Intelligenz zu verstehen, mit der ihr euch verbindet.

Beim Eindringen muss der Mann auf einen Ansturm ihrer sexuellen Energie vorbereitet sein. Das wird dazu führen, dass er kommt, obwohl der Penis nur teilweise erigiert ist, und dies kann ihn erstaunen oder verwirren. Aber je mehr sie lernt, präsent zu sein und mit dem Bewusstsein, d. h. dem Vergnügen, in ihrer Vagina verbunden zu sein, desto weniger wird das Freiwerden dieser Energie ihn beeinträchtigen.

Alles Denken muss unterbleiben.

Ist er einmal eingedrungen, penetriert er sie so tief er kann und liegt dann still. Er erlaubt seinem Penis, sie zu fühlen, die vaginale Energie aufzunehmen. Das wird den Penis darüber informieren, was er zu tun hat, was nötig ist. Der Mann reagiert nur auf seinen Penis, nicht darauf, was er gelernt oder gehört hat oder woran er sich erinnern kann. Er hält die Vergangenheit – alle vergangenen Erfahrungen als Gedanken - draußen. Er ist so neu wie der Augenblick selbst. Dann kann der Penis seine göttliche Aufgabe erfüllen.

Es gibt keine eingeübten Bewegungen.

Sie führt keine absichtlichen Bewegungen mit ihrem Körper aus. Jede Bewegung wird dem Körper überlassen, selbst wenn das bedeutet, sich überhaupt nicht zu bewegen. Sie tut nichts, was sie von anderen Liebhabern gelernt oder an Kenntnissen aus Büchern oder Filmen erworben hat. Anfangs mag es für die Frau nicht leicht sein zu unterscheiden zwischen Körperverrenkungen, dem Vorspiegeln unechter Zeichen lustvoller Beteiligung am Liebesspiel und den reinen, natürlichen Bewegungen, die unter der Kontrolle des vaginalen Bewusstseins geschehen. Später wird der Körper sich leidenschaftlich (aber nicht unbedingt demonstrativ) gemäß dem Bewusstsein des Moments bewegen. Zu Anfang jedoch sind alle extremen Bewegungen bei ihr verdächtig. Vor allem muss sie alle "männliche" Anmaßung oder Aggressivität aufgeben. Sie muss sich dessen erinnern, dass die Liebe in der Frau nicht nach außen gerichtet, projektiv, ist. Sie ist eine stille, süße, natürliche, fließende Bewegung. Die Muskeln der Vagina anzuspannen ist ein guter Trick und wird sicherlich einen emotionalen Penis gut unterhalten. Aber es ist keine Liebe.

Im Penis gibt es keine Vorstellungen.

Der Mann erlaubt seinem Verstand keine Bewegung. Aus seinem Kopf heraus richtet er sein Bewusstsein hinunter in den Penis, wo der Liebesakt erfolgt. Er bleibt präsent, ohne sich vorzustellen, wo der Penis ist. Sein Penis hat keine Vorstellungskraft, nur das Wissen davon, was ist, und wo es ist. Er muss diese Empfindung sein, dieses hochsensitive Bewusstsein, das in perfekter Harmonie auf die energetischen Bedürfnisse des vaginalen Bewusstseins reagiert.

Haltet den liebevollen Dialog aufrecht, indem ihr einander sagt, wie schön es ist und wie sehr ihr es liebt, euch zu lieben - wenn das die Wahrheit ist.

Die Ejakulation ist nicht unvermeidlich.

Ein Gedanke daran, wo sein Penis gerade ist, erhöht die Wahrscheinlichkeit, dass der Mann ejakuliert. Aber der Moment, in dem er das Gefühl hat, die Ejakulation nicht aufhalten zu können, ist der Moment, wo er es kann. Er darf nicht dem ersten Gefühl glauben, das ihm vormacht, der Orgasmus sei unvermeidlich. Er darf diesem Gefühl nicht nachgeben. Es ist ein Trick der angestauten Emotion, die sich abreagieren will; ein Teil des animalischen Triebs zu onanieren bzw. zu zeugen. Wenn dieses Gefühl aufkommt, muss er mit jeglicher Bewegung aufhören, ganz still werden, oder sich sofort zurückziehen. Er wird herausfinden, was das Beste für ihn ist. Ein Sekundenbruchteil ist entscheidend. Dieser markiert den Moment, wo er seine kreative spirituelle Autorität bzw. seine Präsenz als Mann einsetzen und der instinktiven animalischen Emotion widerstehen oder sie zerstreuen kann. Er darf dem Gefühl der Unvermeidbarkeit keinen Raum geben, darf nicht glauben, er könne nicht stoppen; einfach deswegen, weil er es kann. Nur im *nächsten* Moment ist der Orgasmus unvermeidlich. Nicht *jetzt.*

Bitte missverstehe mich nicht. Der Mann versucht nicht ständig zu vermeiden, dass er kommt. Sein Bewusstsein ist beim Akt der Liebe, nicht beim möglichen Resultat. Der Orgasmus sollte nicht als gut oder schlecht, notwendig oder nicht notwendig, erwünscht oder unerwünscht angesehen werden. Der Orgasmus kommt, wenn er kommt, ganz natürlich. Der Punkt ist, dass der Mann lernen muss, seine Autorität bzw. Präsenz auszuüben, und zwar über die Erregbarkeit bzw. Vergangenheit in ihm. Seine Ejakulation darf weder für ihn noch für sie ein Problem sein.

Der Penis öffnet die Vagina.

Er bemüht sich, am oberen Ende der Vagina zu bleiben. Er hat es nicht eilig, sich vor und zurück, auf und ab zu bewegen. Die Vagina ist eine elastische Höhlung voller versteckter Spannung, und der Peniskopf sollte sie öffnen und den Stress und die eingenisteten Emotionen des gesamten oberen und unteren Teils absorbieren. Mehrmals sollte er sich von einer Wand der Vagina zur anderen bewegen und zwischen jeder Bewegung ein paar Sekunden verstreichen lassen. Die eigentliche Funktion des Penis ist zunächst einmal, die Spannungen zu beseitigen, welche die Frau in der Vagina hat. Dies kann der Penis in dem Maße tun, wie die Frau lernt, in ihrem täglichen Leben ihre inneren Spannungen immer weniger als Persönlichkeit, unnötige Aktivität oder Emotionalität nach außen zu projizieren.

Wenn der Mann sexuell still und präsent wird, wirkt der Penis wie ein hoch aufgeladener Magnet. Zuerst saugt er die vaginalen Spannungen auf, und dann beginnt er, die göttlichen Energien zu sammeln. Der Sinn des Liebesaktes ist dann erreicht, wenn die göttlichen Energien eingesammelt sind. Er kann dann seine Erektion in der Vagina verlieren, ohne einen Orgasmus zu haben.

Nachdem ihr euch konsequent in dieser neuen Art geliebt habt und während ihr damit fortfahrt, werdet ihr in der Lage sein, euch zu eurem gegenseitigen Entzücken über längere Zeiträume hinweg zu lieben. Ihre Vagina wird weicher, sensibler und empfänglicher werden und nicht unbedingt noch äußerer Stimulation bedürfen. Nur emotionale Spannung macht die Vagina widerspenstig oder nicht bereit für die Liebe. Indem sich die emotionale Spannung reduziert, erhöht sich das Bewusstsein bzw. die Sensibilität der Vagina, und es wächst die Freude der Frau am Liebesakt. Und indem er von Erregung unabhängiger wird, wächst seine Präsenz, und es tritt in seinem Leben ein neues Gefühl von Kompetenz und Autorität in Erscheinung.

Denkt daran: Sie kann nur geben, was er nehmen kann. Und sie muss lernen, immer mehr Genuss durch sein Lieben anzunehmen, ohne erregt zu werden. Schließlich verwandelt sich im Liebesakt ausgedehnte höchste Lust in Schönheit. Lieben ist schön, und jeder liebt es, wenn Vagina und Penis aufrichtig und frei werden.

Das Problem Sex

In diesem Kapitel werde ich noch tiefer auf die Ursachen des sexuellen Elends eingehen, sowie darauf, wie man mit sexuellen Problemen umgeht und wie man sein Liebesleben in Ordnung bringt, das heißt ohne Emotionen liebt.

In einer Liebe ohne Emotionen gibt es keine Liebesprobleme. Was ist Emotion? Wovon rede ich überhaupt? Machen wir uns das einmal ganz klar. Emotion ist die lebendige Substanz der Vergangenheit, das, woran du geglaubt hast und was du in der Vergangenheit warst. Es ist dein Selbst. Es lebt in deinem Unterbewussten weiter. Das bist nicht du jetzt, die Intelligenz, die in diesem Moment dies liest. Und doch ist es jetzt da, gleich unter der Oberfläche deines Bewusstseins. Und in dem Moment, in dem du an jemanden oder etwas erinnert wirst, das dich in der Vergangenheit beunruhigte oder dir Schmerz zufügte, wird es aufsteigen und über deine entspannte Intelligenz die Kontrolle übernehmen.

Ein Beispiel: Angenommen, während du dieses Buch jetzt liest, wirst du daran erinnert, dass du in der Beziehung zu einem Partner oder einem Geliebten unglücklich bist. Diese Emotion ist die Vergangenheit, die sich darauf bezieht, wie er oder sie dich in der Vergangenheit zu wenig geliebt hat oder vielleicht erst vor einer Minute mit dir gesprochen oder dich missverstanden hat. (Vor einer Minute oder Sekunde ist schon Vergangenheit.) So wird deine Intelligenz davon abgelenkt, präsent und mit Freude dies zu lesen, und bezieht sich auf die Vergangenheit oder denkt darüber nach, und du fühlst dich in dir selbst unglücklich. Es ist dein Selbst, deine Vergangenheit, das unglücklich ist, nicht deine Intelligenz in der Gegenwart.

Wann immer du voller Groll, depressiv, ärgerlich oder eifersüchtig bist, fühlst du die emotionale Substanz deines Selbst in der Vergangenheit. Und weil deine Intelligenz sich damit identifiziert, wirst du zu diesem vergangenen Selbst und wiederholst das Verhalten all der alten Emotionen, häufig zum Leidwesen deiner Intelligenz. Du fragst dich sogar, woher diese Emotionen kommen, und das so plötzlich. Nun, das ist dein vergangenes verletztes Selbst, das als Schmerz auf die Gegenwart reagiert. So verlierst du die Gegenwart, die ja deine Präsenz ist. Kurzum, du verlierst deine Präsenz.

Dein emotionales Selbst versucht immer zurückzukommen und in dir weiterzuleben, die Kontrolle über dich zu übernehmen und dich zu benutzen, wie es das schon immer getan hat. Wenn deine Worte oder Gefühle aus der Vergangenheit kommen, aus der Erinnerung an irgendeinen schmerzhaften Moment vor dem Jetzt, dann bist du emotional. Du bist nicht aufrichtig, nicht du selbst. Du kannst dann nicht mit deinem vollen Potential Liebe sein oder sie praktizieren.

All das bedeutet, dass du nur in der Gegenwart lieben kannst, wenn du deine Präsenz nicht verloren hast. Der erste Schritt ist also, dass du lernst, dein Selbst hinter dir zu lassen und ihm nicht zu erlauben, in den Liebesakt einzudringen und ihn zu verderben. Viel leichter gesagt als getan. Und der Grund dafür ist folgender: Die Substanz aller vergangenen sexuellen Emotionen, die du jemals hattest, sowohl die Ekstase wie auch der Schmerz, hat sich in deinen Genitalien angesammelt und dort eingenistet, oder in dem Teil des Gehirns, der sie kontrolliert. Sie sammelt sich dort als unvermutete Spannung, als das Bedürfnis, erfreuliche Erfahrungen zu wiederholen und die Wiederholung schmerzvoller Erfahrungen zu vermeiden. In den Frauen manifestiert sich diese Spannung körperlich als eine subtile Enge der Vagina, die manchmal sehr deutlich sein kann. Psychologisch kommt es zu unfreiwilligen Gedanken und Emotionen, die mit vergangenem sexuellen Vergnügen assoziiert sind. Das kann die Frau zum Onanieren veranlassen. Der selbstsüchtige emotionale Genuss des Onanierens, bei dem man sich mit keinem Mann und keiner Liebe auseinandersetzen muss, verbindet sich mit der vaginalen Spannung zu dem Verlangen nach Wiederholung, und so wird diese Angewohnheit immer weiter fortgesetzt.

Beim Mann führen die Auswirkungen vergangener unaufgelöster sexueller Emotionen, der vergnüglichen wie der schmerzhaften, beim Liebesakt zu einer Verhärtung des Penis. Der erigierte Penis sollte fest sein, aber nicht hart. Da ein harter Penis sehr wahrscheinlich eine ähnlich harte und angespannte Vagina anzieht, ist die Frau unter Umständen nicht in der Lage, den Unterschied zu erkennen. Eine solche Frau kann so auf sexuelle Erregung fixiert sein, dass sie einen festen und liebevollen Penis kaum spüren kann. Oder es kann der liebevolle Penis in solcher Disharmonie mit einer derart erregbaren Vagina sein, dass er entweder die Erektion verweigert oder sich wiederholt zurückzieht, weil er nicht in ihr bleiben will. Die verhärtende sexuelle Spannung im Mann drückt sich auch in ungewollten Erektionen aus. In beiden Geschlechtern verursacht diese genitale Spannung Rastlosigkeit, Schwere und Unzufriedenheit.

Jede Vagina ist, bis sie richtig geliebt wird, eine emotionale Vagina. Sie ist relativ steif, muskulös, erwartungsvoll, abwehrend und wenig rezeptiv. Obwohl die tatsächliche vaginale Spannung für die Frau eventuell nicht wahrnehmbar ist, wird sie deren Auswirkung im Spiel ihrer Emotionen fühlen. Eine Vagina, die von vielen emotionalen Männern benutzt worden ist, wird anfangen, selbst wie ein emotionaler Penis zu reagieren. Sie wird hart, gierig und räuberisch und orgasmusfixiert. Wenn eine Vagina in dieser

Weise sexuell hungrig ist, wird in der Frau selbst nur wenig Bewusstheit für die Liebe erzeugt. Sie fühlt Liebe in sich wie jede andere Frau, doch wenn der Liebesakt beginnt, wird die Liebe vom Genuss der Erregung oder dem Drang nach dem Orgasmus überschwemmt. Der Genuss, der auf vorübergehender, emotionaler Befriedigung basiert, erzeugt eine tiefe, innere Frustration. Ob sie viele Liebhaber hatte, was nur ihrer verzweifelten Suche nach Liebe entsprang, oder auch nur einen, ihre Vagina wird immer auf die Energie antworten, die der Mann zuvor in sie hineingetragen hat.

Der Reinigungsprozess in der Vagina beginnt im Kontakt mit einem Penis, der nicht dem selbstsüchtigen Sextrieb nachgegeben, sondern der Liebe gedient und genügend an Bewusstsein entwickelt hat. Eine von Emotionen befreite Vagina wird weich, hingebungsvoll, gebend, einfach, entspannt, nicht fordernd und still. Dann wird der Liebesakt für die Frau süßer und erfüllender. Er ist mühelos, natürlich und schön, mit der Betonung auf Schönheit, da die Schönheit der göttliche Höhepunkt des einfachen Genusses sexuellen Liebens ist.

Die Vagina ist ihrem Wesen nach passiv und unschuldig, sie ist das Organ der Liebe. Sie lernt all ihre schlechten Gewohnheiten vom Mann. Der Penis ist der Guru oder Lehrer der Vagina - zum Guten wie zum Schlechten.

Bei der Geburt ist die weibliche Psyche unschuldige Liebe, und nimmt in den frühen Mädchenjahren offen jeden Einfluss von Liebe und Sex in der Familie oder in der Umwelt in sich auf, und mit so viel Vergangenheit in der Gattung Mensch ist die Vagina von Kindheit an potentiell emotional. Jedes Mädchen nimmt beim Heranwachsen psychisch einiges von der Sexualität und der sexuellen Frustration ihres Vaters, ihrer Brüder oder anderer männlicher Verwandter und Freunde auf, wie auch von der männlich beherrschten Medienwelt und Gesellschaft um sie herum. Später, nach der Pubertät, wird das emotionale Potential der Vagina aktiviert, und jedes Mädchen verfällt den normalen und vorhersehbaren Liebesproblemen.

Die Liebe nährt ihre Psyche, aber die projizierten sexuellen Einflüsse legen eine Patina mentaler Erregung über die Liebe. In einem sehr frühen Alter veranlasst sie dies, in romantische sexuelle Vorstellungen und Tagträume zu versinken, deren

Kehrseite die Furcht ist. Bevor der Penis sie überhaupt berührt, ist die jungfräuliche Vagina bereits angespannt durch emotionale Phantasien, Erregungen und unreife sexuelle Erfahrungen wie Petting, Onanieren und Befingern durch Jungen. Sobald sie mit der männlichen Sexualität in Kontakt kommt, ist sie mit dem Keim der Unzufriedenheit verseucht und augenblicklich durch die mangelnde Liebe der Männer desillusioniert. Wenn jemand das erste Mal in sie eindringt, kann sie der Schmerz vielleicht kurz in der Gegenwart halten, doch schon bald wird sie sich in die Vergangenheit davonträumen, in Emotion und Phantasie.

Es ist die Unwissenheit über die Liebe in der Welt, die diese Grundspannung in allen Mädchen und in jeder jungfräulichen Vagina aufrecht erhält. Einst, als die Zeit und die Menschheit noch sehr jung waren, verstand jede Jungfrau die Liebe, weil sie Liebe war. In ihrem Bewusstsein war keine Unwissenheit über die Liebe, so wie es in ihrer Vagina keine Emotionen gab. Ihr Mangel an körperlicher Erfahrung verursachte keine Spannung, weil sie die Liebe verstand, bevor sie sie vollzog. Heute versteht die Jungfrau die Liebe, d. h. sich selbst, nicht mehr. Es gibt keine wirklichen Lehrer oder Gurus, die in der Lage sind, sie zu unterweisen, bevor sich durch unglückliche sexuelle Erfahrungen falsche Eindrücke in ihr formen; und keine Gesellschaft ist liebevoll genug, diese grundlegende Unterweisung zu ermöglichen.

Ohne ein Verständnis der Sexualität macht sich die Jungfrau ein Bild von ihr, und das erzeugt die Spannung, die vaginalen Emotionen bis hin zur Hysterie. Wenn dann die Jahre vergehen und ihre Erfahrung wächst, wächst die Spannung in ihr an. Die Liebeserfahrungen der meisten Frauen beinhalten wiederholte Enttäuschungen. Die Erfahrung der meisten Männer besteht aus der automatisch sich einstellenden Erregung durch die Aussicht auf Ejakulation. Zwischen den Ängsten, Vorbehalten und Hoffnungen der Frau, die alle auf vergangenen Erfahrungen basieren, und seiner tanzenden Erregung, die ebenfalls aus vergangener Erfahrung kommt, gibt es nur eine sehr kleine Chance, dass sie sich in der Gegenwart, hier und jetzt, wirklich lieben. Und so wird mehr Emotion als Liebe erzeugt.

Indem du versuchst, eine schöne sexuelle Erfahrung wie einen Orgasmus zu wiederholen, machst du dich erwartungsvoll, d.h. emotional.

Und indem du die Wiederholung einer schlechten Erfahrung zu vermeiden suchst, machst du dich ängstlich und vorsichtig. Weder im einen noch im anderen Zustand kannst du Liebe praktizieren.

Die alarmierende, bislang unerkannte Wahrheit ist, dass die Emotionen, die bei dem entstehen, was als Liebesakt gilt, innerhalb von Minuten, Stunden oder Tagen aufsteigen und, vor allem bei Frauen, einen Anfall von Depression oder Unzufriedenheit erzeugen. Beim Mann wird die Emotion als Reizbarkeit, Ärger oder aggressives Verhalten erscheinen, und er wird sie wahrscheinlich auch noch durch Onanieren abreagieren.

Der Penis ist nur dann wirklich glücklich, wenn er in der vaginalen Tiefe der Frau erigiert ist. Im leeren Raum außerhalb der Scheide erigiert ist der Penis ungeduldig, erregbar und emotional. In diesem unnatürlichen Zustand wird er von der Gesellschaft ganz natürlich als obszön und oft auch als bedrohlich angesehen. Das kommt daher, dass der aufgerichtete Penis außerhalb seiner vaginalen Heimat eine Projektion sexueller Aggression darstellt. Für jeden Mann ist solch eine Erektion fordernd und unangenehm; häufig wird er onanieren müssen, um sich von dem Druck ihrer deplazierten, einsamen Existenz zu befreien.

Wir sind alle sexuell aufgeladen, bereit, emotional hochzugehen, sobald die Aussicht auf Geschlechtsverkehr besteht. Sexuelle Emotionen sind in diesem Moment in dir. Sie warten darauf, die Kontrolle über den Mann zu übernehmen und als vorzeitige Ejakulation oder sexueller Egoismus bei der ersten Gelegenheit auszubrechen; vor allem, wenn es sich um einen Mann handelt, der pornographische Magazine und Videos oder anzügliche Bilder betrachtet. Sie warten darauf, jede Frau mit irgendeiner schlechten sexuellen Erfahrung zu vereinnahmen, denn jede zerbrochene Liebesaffäre ist weiter in ihr.

Es ist unmöglich, alle mit sexuellen Emotionen assoziierten Erfahrungen, die bis in die Kindheit zurückreichen, zu benennen oder zu kennen. Sie haben sich zu einem tiefen, dunklen Gebilde verschmolzen, das bei weitem zu kompliziert und obskur ist, um jemals genau definiert zu werden. Wie also könnt ihr euch selbst davon befreien, so dass ihr beginnen könnt richtig zu lieben? Was könnt ihr tun? Wo fangt ihr an?

Ihr beseitigt die Emotionen aus euch in den Vorbereitungen zum Liebesakt. Ihr liebt euch ohne Erregung,

Erwartungen oder Phantasien. Ihr müsst sehr präsent sein, sehr aufmerksam und euch all dessen, was ihr tut, bewusst sein, wenn ihr zusammenkommt.

*

Ich schlage vor, dass ihr nur minimales Vorspiel betreibt oder gar keines, weil euch das helfen wird, als eine neue, bewusste Erfahrung zu realisieren, dass nur der Penis und die Vagina zusammen Liebe praktizieren, nichts anderes. Alles andere ist Einbildung und ein Vermeiden der Verantwortung für die Liebe jetzt. Das ist die einfache Wahrheit, die Mann und Frau vergessen haben. Dass sie sie vergessen haben, zeigen sie, indem sie sich immer wieder von Phantasien als Ersatz für die Liebe hinreißen lassen.

Egal wieviele wunderbare Liebesgeschichten du liest oder hörst, wieviele erotische Filme du siehst oder an welchen Sexspielen du teilnimmst, die Magie und Romantik zwischen dir und deiner/deinem Geliebten wird dennoch schwinden, weil all dieser Ersatz für die Liebe deine Wahrnehmung abstumpft und dich daran hindert, bei der simplen Wahrheit zu bleiben und dich der Realität der Liebe jetzt zu stellen. Es ist die Phantasie, die dich aus dem Jetzt herausbringt, die Phantasie, die der Mann beim Erschaffen seiner Welt entwickelte. Auf den Flügeln seiner Phantasie hebt er ab und verlässt seinen Körper, die Erde, seine Liebe und die Frau. Und da sie ebenfalls süchtig nach Phantasie ist, fliegt sie ihm hinterher.

Vorspiel nährt die Phantasie und hält dich davon ab, bei der Realität der Liebe jetzt zu sein. Wenn du die Wahrheit in dem, was ich sage, sehen kannst, wird dies ein großer Moment in deinem Leben sein.

Für einen Mann oder eine Frau, die bei sich sind, sind all die normalen Flirts und alles leidenschaftliche Petting vor dem Liebesakt nur ein Weg, die direkte Verantwortung für die Liebe jetzt zu vermeiden. Sexspiele sind wie starker Whiskey - eine Dosis des falschen geistigen Getränks, um uns Mut anzutrinken oder eine Droge, um uns vergessen zu lassen, was wir tun, weil wir noch nicht bereit sind, uns der Wahrheit zu stellen, dass die Liebe jetzt vollzogen wird und nicht in einer imaginären Zukunft. Wie gewöhnlich in der vom Mann geschaffenen Welt, ist die Wahrheit also genau das Gegenteil dessen, was allgemein akzeptiert und praktiziert wird. Die Welt spielt Spiele und praktiziert keine Liebe. Die Wahrheit ist: liebe, und du brauchst keine Spiele zu spielen.

Im Phantasieren ist keine Liebe. Wozu musst du überhaupt phantasieren? Um in Stimmung zu kommen? Um eine Erektion zu kriegen? Unsinn. Du glaubst nur, du musst es, weil der Großteil der Welt aus Mangel an Liebe und Verständnis es sich zur Gewohnheit gemacht hat. Es ist sehr schwer, mit dieser Angewohnheit zu brechen, aber du musst es tun. Du brauchst deine Phantasien nicht, um zu lieben, weil du es mit der Wirklichkeit zu tun hast. Der wirkliche, lebendige Partner - sei es Mann oder Frau - gibt dir die herrlichste, köstlichste Empfindung, die du haben kannst - im Körper, und nicht im Kopf.

Die Menschen der Erde sind von ihren Phantasien getäuscht worden. Zu allen Zeiten haben Kinder und Erwachsene onaniert und in der Phantasie geliebt, ohne dass ihnen bewusst war, dass das Phantasieren völlige Selbsttäuschung und eine grausame Sucht ist. Weil sich alle derselben Droge hingeben, sehen sie diese lieblose Wirklichkeitsflucht, ohne darüber nachzudenken, als normal und sogar als notwendig an.

Ich ahne eine Frage, die in vielen Männern auftauchen wird: Wie onaniert man denn ohne Phantasien?

Du, als Erwachsener, kannst das nicht. Wenn du aufhörst, dir Vorstellungen und Phantasien über die Liebe zu machen, hört das Onanieren auf. Das Phantasieren ist die Gewohnheit, nicht das Onanieren. Die Phantasie wühlt die sexuelle Emotionalität auf wie ein Strudel, und dieser Impuls treibt dich zum Onanieren.

Wenn du onanieren musst, und der Drang dazu ist stark, besonders beim Mann, benutze möglichst wenige Bilder. Benutze keine Gesichter. Niemand hat jemals ein Gesicht geliebt, es sei denn in der Phantasie. Wenn du ein Mann bist, benutze nur das Bild der weiblichen Genitalien. Beschränke das Bild ganz allein darauf, weil dies der Wirklichkeit am nächsten ist.

Entwöhne dich dieser Angewohnheit, indem du nicht an das andere Geschlecht denkst oder nach ihm gierst und der Impuls zu onanieren wird nach und nach verschwinden. Du kannst dir die globale Droge sexueller Phantasien abgewöhnen. Fange jetzt an. Sei in deinen Sinnen; sei nicht im Kopf, sondern in deinem Körper. Sei dort, wo du bist. Sei verantwortlich.

Falls du aber doch onanierst, fühle dich nicht schuldig und erlaube auch deinen Kindern nicht, sich schuldig zu fühlen, wenn sie sich dir anvertrauen. Schuld verzerrt die Persönlichkeit von Jugendlichen wie von Erwachsenen. Der Fehler liegt nicht im Onanieren, er liegt im Missbrauch der Phantasie, nicht nur während des Liebesaktes, sondern, noch wichtiger, während der sonstigen normalen täglichen Aktivitäten, wenn es dem Verstand erlaubt wird umherzuschweifen, wo immer es ihm gefällt.

Der Zwang zu onanieren besteht heutzutage fast universell. Er entstand in der Vergangenheit unserer Evolution aus dem instinktiven männlichen Drang aller tierischen Arten, sich zu paaren und zu vermehren. Im Falle des menschlichen Tieres erlaubte das zusätzliche Selbst-Bewusstsein die Reflexion über den eigenen Organismus, das eigene Verhalten, emotionale Reaktionen und Erinnerungen. Diese Gabe war dem Rest der Arten verwehrt - aber sie hat ihre Schattenseite. Sie erzeugt in Männern und Frauen Schuldgefühle und Selbstzweifel.

Der männliche Affe im Zoo onaniert mit unerhörter Losgelöstheit und frei von Schuldgefühl. Im Gegensatz zum Menschen hat er gar keine Skrupel. Das kommt daher, dass er sich selbst nicht sehen kann und nicht phantasieren kann. Der Affe fühlt nur. Aber er kann nicht fühlen, dass er fühlt, kann es nicht wissen.

Deshalb kann der Affe nicht körperlich lieben. Das Vermögen körperlich zu lieben, das nur der Mensch besitzt, liegt in der Selbstreflexion, die ihn vom Rest der tierischen Arten unterscheidet. Wenn er jedoch diese einmalige kreative Gabe missbraucht, indem er über vergangene sexuelle Bilder und Emotionen reflektiert, zapft er seine animalische Vergangenheit an, den mechanischen, tierischen Geschlechtstrieb und onaniert oder paart sich ohne Liebe. Er ist dann unglücklich.

Hätte der Affe das kreative Vermögen, körperlich zu lieben, würde er sich selbst onanieren sehen und sich ebenfalls erbärmlich fühlen. Die einzige Wahl, die er jedoch hat, ist es, zu onanieren oder sich zu vermehren. Ich habe Affen nur in Gefangenschaft onanieren sehen, nicht in der Wildnis. Weil der Mensch der Gefangene seines Verstandes ist und noch nicht Meister seiner Phantasien, onaniert er.

*

Nun zur Frage der Impotenz. Impotenz ist nicht unbedingt ein Zeichen körperlichen Verfalls oder männlicher Unzulänglichkeit. Gesunde junge Männer leiden darunter. Es gibt auch keine psychologische Ursache, etwa Angst, wie einige Therapeuten behaupten mögen. Angst ist nicht die Ursache, Angst ist eine Folge.

Wenn keine körperliche Beeinträchtigung des Penis durch Krankheit oder Verletzung vorliegt, dann ist die Ursache der Impotenz die Selbstsucht. Impotenz entsteht aus dem Widerwillen, die Frau wirklich körperlich zu lieben, ohne daraus einen Vorteil ziehen zu können, ohne gerade Lust dazu zu haben oder es als Pflicht zu sehen. All diese Gründe dienen als Entschuldigung dafür, nicht in der Lage zu sein zu lieben. Ob du Lust hast oder nicht, ist irrelevant. In der Liebe liebst du einfach, weil es schön ist, die Frau zu lieben.

Impotenz ist in unserer Zeit ein entschuldbarer Zustand geworden, vor allem bei sehr beschäftigten oder älteren Männern. Sie ist heutzutage ein akzeptiertes Merkmal des stressbeladenen und unglücklichen Lebens des Mannes, der von einem medizinischen Berufsstand betreut wird, der unter dem gleichen Stress und Unglück leidet. Die ganze männliche Gesellschaft ist in demselben Zustand der Selbstsucht, so dass niemand die wahre Diagnose oder das richtige Heilmittel anbietet, und alle dafür entschuldigt sind, nicht die Verantwortung für die Liebe zu übernehmen.

Impotenz ist durch Mangel an Liebe verursacht. Jedoch kann, da eine Erektion durch Erregung hervorgerufen werden kann, ein Ausbleiben der Erektion von einem Mangel an Emotionalität herrühren. Wenn Männer älter werden, ist es eher wahrscheinlich, dass sie Schwierigkeiten haben, eine Erektion zu bekommen, weil das Leben einiges an emotionaler Erregung aus ihnen herausgebrochen hat; und dann ist beim Liebesakt oft nicht genug Liebe in ihren Körpern oder im Körper der Frau.

Ohne sexuelle Emotionen oder Liebe wird der Penis nicht steif werden. Oft, wenn Paare beginnen, sich körperlich miteinander zu langweilen und aus einem Pflichtgefühl heraus Geschlechtsverkehr haben, gibt es weder einen gefühlsmäßigen Antrieb noch genug Liebe oder Bewusstsein zwischen ihnen, und dann kann der Mann keine Erektion bekommen. Solange der Mann emotionalen Antrieb aber keine Liebe in sich hat, wird er keine Probleme haben. Er wird seine Erektion durch Emotionalität oder sexuelle Aggression herbeiführen. Ein emotionaler Penis wird steif, um sich selbst zu befriedigen, und benötigt keine Liebe, um Sex zu haben, wie jede Frau weiß. So wird es vermutlich eine einseitige Angelegenheit, außer die Frau kann sich selbst in denselben Zustand bringen, wozu sie durch ihre vom Mann induzierte Männlichkeit in der Lage ist. Das Paar kann sich dann gegenseitig befriedigen, aber es wird keine Liebe sein.

Wenn ein Penis auf Liebe und nicht auf Emotionen reagiert, erigiert er nur in der Vagina voll oder kurz bevor er in sie eindringt. Eine liebende Vagina hat keine Schwierigkeiten, einen nachgiebigen, liebenden Penis aufzunehmen, der dann sofort zum Zweck der Liebe fest wird, die Autorität übernimmt und sich aufrichtet.

Wenn die Frau jedoch beginnt, innerlich abzudriften oder sexuell fordernd ist, kann es sein, dass nicht genügend Liebe in ihrer Vagina ist, um die Erektion aufrechtzuerhalten, besonders wenn der Mann um seine innere Reinigung bemüht ist. Ein solcher Mann benutzt keine Phantasien, sondern findet genügend Stimulation im Moment und in der Frau, mit der er zusammen ist. Er wird durch den vorübergehenden Verlust seiner Erektion nicht verunsichert, sondern wartet geduldig, bereit für den Augenblick, wenn die Liebe zurückkehrt.

*

Das physische Hauptproblem beim Liebesakt ist die vorzeitige Ejakulation beim Mann, wozu die Frau nichtsahnend beiträgt.

Der Mann, der zu früh kommt, hat zeitweise den Willen zum Lieben verloren, hat sich selbst verloren, und kann daher die vollkommene Hingabe der Frau nicht annehmen und ist ohne wirkliche Autorität. Er weiß das und schämt sich dafür. Die einzig wirkliche Autorität, die der Mann über die Frau haben kann, entsteht durch die Liebe. Und diese Autorität gewährt sie ihm bedingungslos, wenn er genügend Liebe zeigt, um ihre totale Hingabe zu akzeptieren und anzunehmen. Sie kann ihm nur geben, was er annehmen kann. Seine auftrumpfende wirtschaftliche und körperliche Autorität über sie in den letzten Jahrtausenden war ein fieses Unterfangen, um mit ihr wegen seiner eigenen Schwäche und seinem Verzicht auf seine wahre Autorität abzurechnen.

Wie selbstlos und großzügig eine wahrhaftig liebende Frau auch immer sein kann, die tragische Trennung zwischen ihr und ihrem Geliebten geht von

Generation zu Generation weiter, weil der Mann sich selbst vergessen hat – vergessen hat, wie man liebt. Und die Frau kann sich nicht hingeben, kann ihre natürliche Erfüllung ohne ihn nicht erreichen.

Vorzeitige Ejakulation wird durch Erregung und Erwartung sowohl beim Mann wie bei der Frau verursacht. Dieser Zustand ist schon vor irgendeinem Vorspiel da und lange bevor der körperliche Akt beginnt. Im Mann ist, aufgrund seines normalen sexuellen Phantasierens, eine ständige, vorsexuelle Erregung, eine erhöhte Aggression vorhanden. Den Grundpegel seiner Aggression hält er relativ hoch, und zwar durch seine Sexbesessenheit, das Denken an Sex, das Lesen über Sex, das Witzeln und Reden darüber mit anderen Männern, durch schlüpfrige Anspielungen in gemischter Gesellschaft, dadurch, dass er in der Öffentlichkeit Frauen anschaut, sie bewusst begehrt und unbewusst gewohnheitsmäßig sexuelle Verbindungen zu ihnen herstellt. Permanent erregt er seine sexuellen Emotionen und hält sie in Bewegung, so dass sein sexuelles Thermometer normalerweise, sagen wir, 25 Grad Emotion anzeigt.

Im Gegensatz dazu ist die Frau normalerweise bei, sagen wir, 5 Grad. Die Frau ist grundsätzlich weniger aggressiv als der Mann, weil sie nicht grundlegend von Sex besessen ist. Da der Mann sexbesessen ist, ist er jederzeit zum Sex bereit, außer seine zahlreichen Komplexe und Hemmungen kommen ihm in die Quere. Für die Frau gilt das nicht, es sei denn, sie liebt wirklich. Um den Wunsch zum Liebesakt in ihr zu wecken, muss ihre normale sexuelle Temperatur angehoben werden.

Im Vorspiel vor dem Geschlechtsakt steigern das Flirten, Berühren, Küssen und das liebevolle Streicheln der Brüste und Genitalien die sexuelle Temperatur beider Partner. Wenn diese Erregung zum normalerweise höheren Grad an Stimulation beim Mann hinzukommt, lässt ihn das wesentlich mehr phantasieren als sie. Deshalb steigt seine sexuelle Temperatur schneller an als ihre. Zu dem Zeitpunkt, wo er kurz davor ist, in sie einzudringen, ist er bei glühenden 99 Grad, und wird in seiner Erwartung und Ungeduld immer erregter. Sie hingegen erfreut sich angenehmer 70 Grad, die ebenfalls ansteigen. Zuweilen braucht sie ihre Beine nur für ihn zu öffnen, und sein Phantasiebild ist verwirklicht, so dass er ejakuliert – oder sein Penis berührt sie kaum, oder er kommt nicht weiter als bis zwischen ihre Schamlippen, oder er schafft es gerade, in die Vagina hineinzukommen, bevor er kommt. In Sekunden sinkt seine sexuelle Temperatur von fiebrigen 100 Grad plus auf Null, während er sich selbstsüchtig in den seltenen Zustand kühler, selbstloser Abwesenheit von Begehren zurückejakuliert.

Der Beitrag der Frau zur vorzeitigen Ejakulation des Mannes ist subtil, und du musst das, was ich gleich sagen werde, in deiner eigenen Erfahrung genau untersuchen, um die Wahrheit darin zu erfassen bzw. zu überprüfen. Nicht alle Frauen erleben das. Wenn es also nicht deine Wahrheit ist, so bilde es dir nicht ein oder erfinde es.

In der jungen Vagina, der ungenügend geliebten Vagina und der erregbaren Vagina gibt es eine bestimmte Erwiderung auf das Eindringen des Penis: einen Energieschub aus der oberen Körperhälfte nach unten, einen krampfartigen Anfall unterdrückter Liebe. Wie eine Woge der Liebe soll dies den Penis zum höchsten Punkt der Vagina ziehen, zur Gebärmutter hin. Aber selbst ein erfahrener Liebhaber mag das wie eine plötzliche, intensive Welle empfinden, so dass der Schock oder dessen Kraft die sexuelle Emotion aus ihm herauszieht und er ejakuliert. Wenn die Frau lernt, ihre Liebe sanft und weich in ihre Vagina hineinzulassen, wird der Ejakulationsdruck auf ihren Partner verringert. Und wenn er sich seinerseits darin übt, seine sexuelle Erregung zu reduzieren, verringert sich das Problem der frühzeitigen Ejakulation.

Für den Mann markiert die Ejakulation gewöhnlich das Ende des Aktes. Aber selbst wenn er sie zum Orgasmus gebracht hat, wird ein selbstsüchtiger Liebhaber ihre feineren Energien auch dann nicht eingesammelt haben. Ihr Orgasmus wird zwar ihre unmittelbaren sexuellen Emotionen freisetzen bzw. abreagieren, aber die höheren göttlichen Energien, die ungesammelt bleiben, werden letztlich zu emotionalen Forderungen und Unzufriedenheit degenerieren. Alle Emotionen in der Frau sind die Forderung oder der Schrei danach, wahrhaft geliebt und nicht als sexueller Spucknapf gebraucht zu werden.

Aber Gott sei Dank ist die Frau Liebe. Liebe ist hinter all den Emotionen, Vorstellungen und Komplexen ihre wahre Natur. Wenn sie den Mann liebt oder wenn sie einfach nur liebt, kann sie die sexuelle Enttäuschung ertragen. Die Frau repräsentiert auf jeder Ebene die Mutter, den wahren Archetyp des Weiblichen, Mutter Erde, an der wir uns alle erfreuen und unser Vergnügen finden (auch wenn es nur über den Whisky geschieht, der aus dem Getreide und dem Wasser der Erde gemacht ist).

Der Mann ist wie ein Kind im Verhältnis zur grenzenlosen Liebe einer wirklichen Frau, und jede Frau weiß unter ihrer Frustration, dass sie das ist. In ihrer Liebe kann sie ihm den Orgasmus verzeihen und ihr eigenes Verlangen ignorieren. Sie kann die rastlose Energie seines Orgasmus aufnehmen, ihn in sich halten, jungenhaft und neu in seinem kurzen Moment des Friedens.

Für die Frau ist es die Erfüllung ihrer Liebe, ihn in sich aufzunehmen, alles zu nehmen, was er geben kann und was er ist, und sich ihm dafür ganz in süßer, vollkommener Hingabe an die Liebe darzubringen. Wenn er vorzeitig kommt, ist er nicht reif genug, ihr alles von sich zu geben; er hat nicht die Zeit dazu. So ist sie ihrerseits nicht in der Lage, ihm all die Liebe zu geben, die sie zu geben hat. Wenn er kommt, geht er, verlässt er sie. Deswegen ist er ein bisschen weniger Mann, und sie ist ein bisschen weniger die Frau, die sie ist. In der größeren Geschichte von Mann und Frau und ihrem Bemühen zusammenzukommen, sind dieser Mann und diese Frau ein bisschen weiter auseinander.

Wenn die Frau liebt, kann sie einen großen Teil der durch sein vorzeitiges Kommen verursachten Frustration in sich auflösen. Dennoch wird jede verbleibende Emotion zu einem Teil der Furie, die ihn morgen kreuzigen wird. Aber ihre Liebe kann ihr unerfülltes Grundbedürfnis nicht ausgleichen, ihre feinsten weiblichen Energien ihrem Geliebten zu geben, ihre innere weibliche Schönheit auszudrücken, den göttlichen Duft, der sich in jeder Frau ständig entwickelt und der hinter dem Bedürfnis des Mannes nach ihr steckt. Wegen seines Versagens hat sie diese unnötige Last zu tragen, und der Schmerz darüber ist der tiefe Kummer hinter den bestrafenden Launen und der emotionalen Raserei der Furie.

*

Ein sexuell selbstsüchtiger Mann benutzt den Liebesakt normalerweise um zu ejakulieren, um aufgestaute, psychische Aggressionen freizusetzen. In seinem sogenannten Liebesleben benutzt er die Frau gewohnheitsmäßig für seine eigene sexuelle Befriedigung.

In extremen Fällen sexueller Aggression kann der Mann die Frau mit einer teuflischen sexuellen Energie beherrschen. Er dressiert sie, ihn zu fieberhafter Erregung zu bringen, so dass sie beim Geschlechtsverkehr zu einer sich windenden Sexmaschine wird. Während des Aktes hält er seinen Orgasmus durch rigide mentale Kontrolle und eine antrainierte und wirkungsvolle Härte zurück, die er aus dem Gefühl der Macht über die Frau bezieht. Er genießt die teuflische Freude, sie erniedrigen zu können, die Liebe durch Erregung zu entwürdigen. Er genießt es mehr, sie zu manipulieren, als er den Orgasmus genießt. Die Frau mit einer chronisch erregten, von männlicher Sexualität ausgekleideten Vagina wird dann zu dem, was sie hasst - sie wird zu 25 Prozent sexuell ein Mann.

Ich sagte, der Mann sei in diesem Fall teuflisch, aber ich muss hinzufügen, dass kein einzelner Mann je ganz Teufel ist. Alle Männer haben ihre Momente, in denen sie Liebe sind. Der Teufel ist eine psychische Besessenheit im Unterbewussten, und in diesem Sinne *ist* der Mann teuflisch, aber er ist es nicht immer.

Der Mann muss lernen zu lieben, ohne sexuell selbstsüchtig zu sein. In dem Maße wie er lernt, die

Frau zu lieben oder sie zu genießen, ohne einen Orgasmus zu benötigen, um seine Sexualität freizusetzen, beginnt er, sie richtig zu lieben. Eher erfreut er sie und erfreut sich in ihr, als dass er darauf aus ist, sie und sich selbst zu erregen. Der Mann lernt es richtig zu lieben, indem er sein normales sexuelles Erregungsniveau verringert. Und das tut er, indem er auf sexuelle Phantasien verzichtet.

Es ist möglich, über Sex zu phantasieren, nicht aber über Liebe. In der Liebe wird das stille Bild des Geliebten im Bewusstsein gehalten. Keine Bewegung, kein Denken, nur die energetische Präsenz der Liebe. Wenn die Phantasien die Kontrolle übernehmen und erotische Filme ihr Eigenleben entwickeln, wird die Liebe zugunsten der vom Mann verursachten Sexshop-Mentalität verraten.

In der Regel phantasiert die Frau nicht so viel über Sex wie der Mann, weil Sex für sie nicht so befriedigend ist. Er dient nur dazu, die sexuelle Erregung zu befriedigen, die der Mann in sie hineingetragen hat. Tief in ihrem Innern weiß die Frau, dass Liebe kein Sex ist. Ihr Hauptfehler ist, dass sie von Kindheit an von romantischer Liebe phantasiert und sich Tagträumen von mythisch amourösen Situationen hingibt. Die

Selbstsucht des Mannes, wenn er sie tatsächlich körperlich liebt, prallt heftig mit dieser Trance zusammen. Sehr bald sammelt sie unbewusst Gefühle der Enttäuschung, Desillusionierung und Frustration über die Vorstellungen des Mannes von der Liebe an. Aber was kann sie tun, wenn ihr die Erfahrung zeigt, dass es nichts anderes gibt als Sex und Selbstsucht und dass die Liebe offensichtlich ein Traum ist? So schließt sie sich dem Mann und seinen Phantasien, seinem Traum, an und lässt ihren Traum zurück. Die Unterdrückung nagt in ihr als Zweifel, Furcht und im Extremfall als unbewusster Hass auf den Mann für sein Versagen bzw. seinen Verrat.

Bewusste Liebe

Der Mann kann niemals für länger glücklich sein, so lange er nicht genügend geliebt hat, um seine selbstsüchtige Abhängigkeit von sexuellen Spielchen und sexueller Zerstreuung durch Liebe ersetzen zu können. Da der Fortschritt der Welt seine eigene schlaue Erfindung ist, um sich dieser Verantwortung zu entziehen, hat er fast narrensichere Verhütungsmethoden ersonnen (chemisch - die Pille, chirurgisch - die Sterilisation), um sein eigenes Vergnügen auf Kosten der Liebe sicherzustellen. Die Kehrseite davon (es gibt immer eine Kehrseite selbstsüchtigen Vergnügens) ist das unaufhaltsame Anwachsen der Weltbevölkerung. Die Notwendigkeit, die Geburtenrate auf dem Planeten zu kontrollieren, ist nur entstanden, weil der Mann die sexuelle Kontrolle über sich verloren hat und ganz selbstverständlich Spermien freisetzt, wenn er außerhalb der Vagina onaniert und in ihr ejakuliert.

Als die Zeit und die Welt sehr jung waren und Mann und Frau sich wie die Götter liebten, war es ein großes Privileg, präsent im Körper auf der Erde zu sein. Da der Mann sich der Liebe und der Frau gegenüber, verantwortlich verhielt, wurde die Bevölkerung sehr klein gehalten. Der Mann ejakulierte zwar beim Liebesakt, aber sehr selten, und der Augenblick wurde durch die göttliche Intelligenz bestimmt, durch die Liebe selbst, mit der er vereint war.

Der Mann und die Frau von heute können in das Bewusstsein der Liebe eintreten, das hinter dem Teil des Gehirns liegt, der die Genitalien kontrolliert. Dies geschieht durch richtiges Lieben, indem man zu der Empfindung in der Vagina oder im Penis wird und nicht versucht, distanziert zu bleiben oder an einer getrennten Identität festzuhalten. Dann sind die beiden Liebespole der Erde, der männliche und der weibliche, vereint im magischen Bewusstsein, in der göttlichen Präsenz ihrer beider Göttlichkeit.

*

Es gibt zwei verschiedene Liebesenergien: eine in der oberen und eine in der unteren Körperhälfte.

Die obere Körperhälfte vibriert mit einer sehr feinen Energie, die vor allem im Solarplexus wahrgenommen wird, und - wenn du eine Frau bist - in den Brüsten. Da dies die feinste und süßeste der psychischen Liebesenergien der Frau ist, ist das Küssen ihrer Brüste und Brustwarzen überaus wichtig. Sie verlangen eine sehr zärtliche und liebevolle körperliche Annäherung des Mannes. Viele Männer sind gierig, grapschend und sogar gewalttätig beim Küssen und Anfassen der Brüste. Statt zur liebevollen Hingabe der Frau beizutragen, zerstört dieses Verhalten die Empfindsamkeit in ihren Brüsten und sie spürt die Liebe in ihnen nicht mehr. Es vermehrt außerdem ihren Abscheu vor Sex und wird ihr zukünftiges Verhalten auch einem liebevollen und zärtlichen Mann gegenüber beeinflussen. Die Liebe in ihren Brüsten gibt dem Kind Milch und drückt den Geliebten ohne sexuelle Assoziationen an den Busen. Sie kann als eine Sehnsucht nach dem

Unerreichbaren, einem Verlangen nach Reinheit und idealer Schönheit gespürt werden. Sie ist der Impuls hinter der Idee der platonischen Liebe. Dies ist der obere Liebespol.

Der untere Pol, unterhalb der Taille, konzentriert sich in den Genitalien, obgleich seine Energie immer im unteren Rücken, am unteren Ende der Wirbelsäule, in den Oberschenkeln und Beinen gegenwärtig ist (dort aber normalerweise nicht wahrgenommen wird). Wenn du sehr still bist, wirst du irgendwann die besondere Eigenart dieser Energie wahrnehmen. Ohne emotionale oder sexuelle Assoziationen wird diese untere Energie als genauso rein erfahren wie die höhere Liebe, aber die Körperempfindung ist gröber oder greifbarer. Diese Energie, die aus der Erde selbst aufsteigt, ist reine Vitalität oder Lebenskraft, bevor Emotion als Sexualität oder Gefühl in sie eindringt.

Bei sehr wenigen Männern und Frauen ist der Körper oberhalb der Taille in Verbindung mit dem unteren Teil. Die Funktion des Mannes oder des männlichen Prinzips ist es, diese beiden Liebespole in der Frau zu vereinen. Obwohl bei ihm der gleiche Mangel an Integration besteht, muss er sich nur darauf konzentrieren, seine Partnerin zu lieben und zu erfreuen. Alles andere wird sich dann daraus ergeben, einschließlich der Auflösung seiner eigenen sexuellen Disharmonie und Frustration.

Wenn das gesamte System der Frau frei fließt, ist sie erfüllt von göttlicher Liebe. Denn diese Vereinigung des Oberen und Unteren im Körper, des Idealen und des Irdischen, des Unerreichbaren und des Erreichbaren, erzeugt den einen Strom göttlicher Liebe, eine strahlende goldene Energie. Und wenn dies völlig erreicht ist, ist die Frau wieder vereint mit der ursprünglichen Frau, körperlich, geistig und spirituell. Ihre Unzufriedenheit verschwindet, und sie ist nicht mehr von irgendwelchen äußeren Aktivitäten abhängig, um Erfüllung oder Sinn zu finden. Vielleicht wird sie sich weiter in ihrer Arbeit oder in der Kunst oder als Mutter engagieren, aber sie wird nicht mehr ihren Aktivitäten als einem Bedürfnis verhaftet sein. Jede mögliche Erfüllung liegt in diesem einen Yoga, dieser einen Vereinigung.

Wie du an der Welt um dich herum sehen kannst, ist es sehr selten, dass eine Frau sich in diesem natürlichen, ursprünglichen Zustand befindet. Und doch ist es das ganze sexuelle Streben der Frau, diese göttliche Verbindung durch den Mann herzustellen. Sogar ihr Verlangen danach, Kinder zu bekommen, ist zweitrangig. Weil diese göttliche Verbindung so selten hergestellt wird, ist die Frau heutzutage nicht wirklich sie selbst. Sie verweilt vor allem im romantischen Oberkörper und sehnt sich nach dem Unerreichbaren, und betreibt mit ihrem Unterkörper regelmäßig wiederkehrenden oder mit wechselnden Partnern wahllosen Sex im aussichtslosen Bemühen, diese Verbindung zu schaffen. Die entzieht sich ihr, und deshalb bleibt sie im Grunde genommen zwei Personen, in sich selbst geteilt, bis sie sich oft, desillusioniert oder gealtert, vom Sex lossagt und ein Halbleben idealisierter Liebe lebt. In einigen extremen Fällen wird man sie als "frigide" bezeichnen. In anderen Fällen wird ihre Absage an den Sex die Tendenz des Mannes zur Impotenz verschlimmern.

Um die sexuellen Probleme, die mit diesem Mangel an Integration in Verbindung stehen, zu durchschauen, musst du verstehen, dass in der göttlichen oder wirklichen Liebe die „Vereinigung" nicht nur zwischen Mann und Frau und ihren beiden Körpern besteht, sondern bei beiden auch innerhalb ihrer eigenen Körper.

Die Neigung der Frau, in ihrer Sehnsucht zu verharren, macht sie anfällig für Sentimentalität und falsche Romantik. Die wahre Romanze ist keine vorübergehende Sache. Sie ist keine Schachtel Pralinen, kein Jubiläum das begangen wird, keine süßen Worte, hübsche Dinge oder schöne gemeinsame Abende. Diese Dinge sind zwar auch ein Teil der Romanze des Lebens. Aber genauso ist es der Tod, der die Frau all ihrer romantischen Illusionen beraubt.

In der Romanze des Lebens kannst du das Gute nicht ohne den furchtbaren Schock bekommen. Die wahre Romanze ist der Mythos des Lebens, ist das gewaltige Abenteuer von Mann und Frau, die gemeinsam, durch die Liebe, jeder durch den anderen, entdecken, dass es keinen Tod gibt, kein Ende des Lebens oder der Liebe, die weder festhält noch Furcht kennt.

*

Schauen wir uns jetzt an, was im Moment des Orgasmus geschieht.

Der Orgasmus ist Teil des Liebens. Aber allzu oft ist er ein emotionales Ziel. Und Lieben hat kein Ziel. Wahre Liebende machen immer weiter, lieben sich so lange, bis der Mann schließlich, vielleicht nach Stunden, natürlich und bewusst ejakuliert. Oder sie trennen die Körper und lieben sich einige Stunden später; oder am nächsten Tag, und am übernächsten, und am darauf folgenden, ohne dass der Mann unbedingt kommen muss.

Das emotionale Ende des Orgasmus' ist Enttäuschung, eine Periode postkoitaler Traurigkeit oder Depression. Bevor die störenden Emotionen des Selbst aufgelöst sind, ruft Geschlechtsverkehr tiefe Gefühle von Selbstzweifeln hervor. Aber wisse, dass dies so ist und es Teil des spirituellen Prozesses der Konfrontation mit dir selbst ist, mit dem Ziel dich selbst zu kennen. Den meisten Menschen entgeht die Bedeutung der postkoitalen Depression und sie identifizieren sich damit, statt sich nach und nach davon zu lösen.

Die Schönheit und der Sinn des Liebesaktes, von Moment zu Moment, steht wahrlich über dem Orgasmus. Aber er wird für euch beide genau im richtigen Moment geschehen, ohne danach emotionale Traumata zu erzeugen, wenn ihr präsent genug seid, um euch ausschließlich mit dem Liebesakt zu beschäftigen.

Es ist reine Gier, wenn der Mann zum Orgasmus kommt, bevor er genug Liebe praktiziert hat, bevor er die göttlichen Energien seiner Partnerin gesammelt hat.

Für die Frau ist der Orgasmus leicht und natürlich, süß und angenehm, wenn sie ihren Selbstschutz transzendieren kann, und wenn ihr Partner ihr nur wirklich die Chance gibt, natürlich zu sein und natürlich zum Orgasmus zu kommen. Aber der Mann ist oft zu selbstsüchtig. Zu allen Zeiten hat er ihr durch seine sexuelle Gier beigebracht, sie dazu verleitet, dem Orgasmus nachzujagen, um vom Lieben abzulenken, das er ihr nicht geben kann.

Du kannst die Liebe nicht sinnlich erfahren, wenn du dem Orgasmus nachjagst; oder wenn du als Mann versuchst ihn hinauszuschieben. Und eine Frau, die glaubt, ein Orgasmus sei wichtig, aber anscheinend keinen haben kann, wird sich benachteiligt oder schuldig fühlen, und sie wird vielleicht aufgeben. Viele Frauen haben sich von der körperlichen Liebe abgewandt, weil sie Liebe mit Orgasmus verwechseln. Und sie wenden sich dabei vom wahren Wunder und der Herrlichkeit der Liebe ab.

Wenn die Frau damit aufhört, angestrengt zu lieben und nicht mehr vom Orgasmus geködert oder getäuscht wird, wenn sie sich weigert, einen gierigen Penis in sich zu haben, und rein und präsent ist beim Lieben, ohne einen einzigen Gedanken in ihrem Kopf, dann kann der Orgasmus kommen, natürlich und mühelos. Er geschieht einfach wunderbarerweise durch die Macht des liebenden Penis tief in ihr. Der Orgasmus kommt von alleine, ohne dass einer der Partner es will oder sich dafür anstrengt. Oder er kommt nicht - und dann ist es kein Problem.

Heutzutage können Frauen einen Orgasmus haben und es kaum fühlen. Bei vielen von ihnen hat das Bewusstsein der Liebe tatsächlich die Vagina verlassen. Diese ist so voller Vergangenheit, Verkrampfung und Emotion, dass die Frauen die Vagina nur unvollständig wahrnehmen können, vor allem oben in der Nähe des Gebärmutterhalses. Die Vagina ist dort desensibilisiert worden, und dies wird mit jeder Generation schlimmer.

Die Frau genießt und fühlt normalerweise mehr im unteren Teil der Vagina, weil der Mann nicht mehr genügend Autorität besitzt, um den tiefsten (bzw. höchsten) Teil zu erreichen oder dort lange genug in Liebe zu bleiben, um das zu tun, was seine Aufgabe ist. Weil er den Teil, der ihrem spirituellen Garten am nächsten ist, wo die wahre Göttin der Liebe residiert, nicht erreichen kann, hat er ihr Empfinden (und ihren Orgasmus) nach unten zum Eingang gelenkt und ihre bewusste Wahrnehmung auf die Klitoris konzentriert. Er hat dies in zweifacher Weise getan: Durch ständige Ejakulation sofort nach dem Eindringen und durch ständige Fingerstimulation der Klitoris, um sie für die Orgasmen zu entschädigen, die sie sonst nicht hat. Er hat die klitorale Befriedigung, den klitoralen Kompromiss, zur Belohnung für den Geschlechtsakt gemacht. Sie weiß, dass dies keine Liebe ist. Aber was kann sie sonst tun? Was gibt es anderes?

Durch das Versagen des Mannes, sie richtig zu lieben, wird sie an der Klitoris onanieren, wie der Mann es sie gelehrt hat. Wäre sie geliebt, würde sie es nicht tun. Ohne den Einfluss des Mannes unterliegt sie nicht demselben Zwang zur Onanie wie er, der sie zur Abfuhr seiner sexuellen Aggression braucht. Sie hat die Angewohnheit von ihm.

Einzig der Penis kann die Frau wirklich lieben, weder die Finger noch irgendein anderer Behelf.

Einzig der lebendige Penis des Mannes ist dazu bestimmt, ihr in der Vagina zu dienen. Nur ein selbstloser, leidenschaftlicher, geduldiger, liebender Penis kann den Orgasmus dorthin zurückbringen, wo er hingehört; wo der Orgasmus natürlich geschieht; wo keine störende Emotion auftritt, wenn er nicht geschieht; wenn sie durch ihre Körperempfindung, durch das Bewusstsein in ihrer Vagina weiß, dass sie geliebt wird.

Indem er die Frau liebt, werden irgendwann die Hände des Mannes wie sein liebender Penis. Sein gesamter Körper wird zu Liebe, und die Frau wird dies erkennen, falls es ihr jemals begegnet. Dann können seine Hände sie beim Liebesspiel lieben, wie es ihre Bedürfnisse erfordern.

Das kann erst dann geschehen, wenn der Mann durch jahrelange richtige Liebespraxis seine psychischen Sinne entwickelt und realisiert hat. Die psychischen Sinne liegen hinter allen physischen Sinnen und sind weit feiner und empfindlicher. Wenn der Mann lernt, den Geruch der Frau zu lieben, beginnt er, seinen psychischen Geruchssinn zu aktivieren. Das gleiche gilt für seine Lippen. Wenn er ihren Körper, ihr Haar, ihre Haut, ihre Brüste mit wachsender Liebe küsst, wird seinen Lippen eine neue Dimension der Kommunikation eröffnet. Das gleiche gilt für seine Berührungen. Sie werden harmonisch und fließend.

Schließlich realisiert er den ganzen psychischen Sinn der Sinne. Dies ist ein Sinn statt fünf Sinne und sein ganzer Körper wird zu dieser Verfeinerung der mächtigen und durchdringenden Liebe. Dann wird sogar seine bloße Anwesenheit Liebe ausdrücken.

*

Damit Männer und Frauen sich auf wunderbare und göttliche Weise lieben, erfordert es eine fundamentale Veränderung im Penis und in der Vagina; oder genauer gesagt: in dem Teil des Gehirns, der sie kontrolliert. Penis und Vagina müssen von der Unwissenheit des Gehirns darüber, was Lieben heißt, befreit werden. Sie müssen bewusst von der Emotion bzw. der Unbewusstheit der Vergangenheit befreit werden, von all den Angewohnheiten und falschen Vorstellungen, die durch das Anhaften an vergangenen Erfahrungen erworben wurden.

Dein Körper muss das Lieben nicht lernen. Er liebt natürlich, wenn man ihn nur lässt. Aber dein Anhaften an vergangenen Erfahrungen steht ihm im Weg. Dieses emotionale Verhaftetsein ist dein Selbst, die Emotion deiner Vorlieben und Abneigungen, und all deine Versuche, die Freuden vergangener Begegnungen zu wiederholen und deren Schmerzen zu vermeiden. Dein Selbst kann deshalb nicht lernen zu lieben. Stattdessen lernst du, beim normalen Liebesakt auf dich selbst zu achten. Raffiniert auf Nummer sicher gehend lernst du, sowohl dich zu schützen, wie dich hinauszuprojizieren. Diese Selbstrücksichtnahme macht aus Liebe Sex.

Du kannst dich nicht schützen und gleichzeitig Liebe praktizieren. Du darfst dich in keiner Weise zurückhalten. Aber genau das ist die Art, wie Männer und Frauen sich heutzutage lieben. Ihre Erfahrung hat sie gelehrt, vorsichtig zu sein, nicht alles zu geben, denn sie könnten etwas verlieren, könnten verletzt werden. Angst geht überall um. So gehen sie auf Nummer Sicher. Sie wissen nicht mehr, wie man alles gibt. Das ist vergessen worden.

Menschen, die lieben, fühlen oft den drängenden Impuls, alles zu geben, sich mit aller Gewalt öffnen zu wollen, und doch können sie es nicht. Du hast dieses Gefühl sicher schon irgendwann einmal gehabt. Es ist dein Selbst, das du gewaltsam öffnen und loswerden möchtest, die Sperre, die die natürliche Liebe in deinem Körper blockiert.

Könntest du deinem oder deiner Geliebten alles geben? Jetzt, in diesem Moment? Die ehrliche Antwort ist: Nein. Du hast die Möglichkeit dazu jedes Mal, wenn du Liebe praktizierst, und hast es bis jetzt noch nicht geschafft. Oder hast du es etwa geschafft? Vielleicht scheint es dir, dass es manchmal geschieht oder beinahe geschieht, aber es bleibt immer die Möglichkeit, dass du dich vielleicht doch nicht völlig hingeben kannst. In der Liebe gibt es keine "Möglichkeit", kein "Vielleicht".

Das Lieben ist heutzutage ein Kompromiss, die Akzeptanz des Besten, das unter den gegebenen Umständen erhofft oder getan werden kann. Und es erzeugt im besten Fall das beste Gefühl, das man von einem Kompromiss erhoffen kann, nämlich Befriedigung. Das ist wie unter Drogen zu stehen. Du wirst bemerkt haben, dass die Befriedigung dich nach dem Liebesakt einschlafen lässt. Sie ist in der Welt personifiziert durch den vom Manne geschaffenen Gott der Liebe: den Orgasmus. Der Mann ist orgasmusbesessen, und jetzt betet die Frau, die selbst die Göttin der Liebe ist, infiziert und entflammt durch diesen männlichen Wahnsinn, den falschen Gott des Mannes an – als ob der Orgasmus ein Zeichen der Liebe wäre. Jedes Tier kann ohne ein Zeichen von Liebe zum Orgasmus gebracht werden. Aber du kannst nicht ohne Liebe Liebe praktizieren.

Also hören wir damit auf, uns selbst zu täuschen oder uns täuschen zu lassen. Wenn du einen Orgasmus willst, dann onaniere. Wenn du Liebe willst, dann bleibe bei diesem Weg der Liebe. Sei beharrlich, dann werden die erforderlichen grundlegenden Änderungen im Gehirn schließlich geschehen. Diese grundlegenden Veränderungen können nur dadurch herbeigeführt werden, dass du lernst, in der Liebe bewusst zu werden, indem du für die Liebe liebst und nicht für dich selbst. Das bedeutet, geistig und spirituell während des Liebesaktes und des Vorspiels präsent zu sein.

Erstens: Was bedeutet es, „geistig präsent" zu sein?

Wegen der massiven Anhäufung von Vergangenheit oder Unbewusstem in uns allen sind wir normalerweise beim Lieben in einem unterbewussten Traumzustand. Dabei erregen aufsteigende sexuelle Gefühle die angesammelte vergangene Erfahrung sexueller Lust in dir und ziehen deine Aufmerksamkeit oder deine Wahrnehmung zurück in die Vergangenheit, und zwar in Form einer Stimmung, eines Bildes oder einer Phantasie. Eingetaucht in diese Vergangenheit bist du als bewusstes Wesen abwesend von der Liebe, die dein Körper in der Gegenwart praktiziert. Geistig bist du vom Geschehen abwesend, bist nicht mehr wirklich mit deinem Partner zusammen. Du bist in deine eigene Welt abgedriftet. Das hast du sicher schon in deinem Liebesleben beobachtet, vielleicht bei dir selbst, aber vor allem bei deinem Partner.

Jeder ist beim Lieben von Zeit zu Zeit bewusst präsent. In diesen Momenten bemerkst du vielleicht, dass dein Partner in einer selbstgenügsamen privaten Euphorie schwebt. Er oder sie ist offensichtlich abwesend. Es ist, als würde man zu jemandem sprechen, von dem man weiß, dass er nicht mehr zuhört. Anstatt deshalb alleine zu bleiben, draußen in der Kälte, ziehst du dich so schnell wie möglich zurück in deinen eigenen persönlichen

Traumzustand, damit auch du dich in erotischen Bildern im Traumland verlieren kannst.

Der Sinn des Liebesaktes ist es, als Mann und Frau in bewusster körperlicher Vereinigung zusammen präsent zu sein. Aber euer normales Liebesleben ist selbst-bezogen, selbst-süchtig und selbst-befriedigend. Ihr seid Traumwelten voneinander entfernt. Im Grunde habt ihr beide des anderen Vagina oder Penis ausgeliehen, um eure eigenen Emotionen, eure eigene Vergangenheit zu lieben. Wie kann eine bewusste, zeitlose Vereinigung der männlichen und weiblichen Prinzipien in solch einer isolierten Begegnung jemals stattfinden? Es wird ja mehr Emotion als Liebe dabei produziert. Und da Emotionen ausnahmslos isolierend wirken, treibt solches Lieben die Liebenden allmählich auseinander. Sie werden einander überdrüssig und die Magie schwindet. Das Lieben wird zur Gewohnheit, zur Pflicht. Oder es ist ein emotionales Abreagieren, wie ein Wutausbruch. Missverständnisse, Unzufriedenheit und Ruhelosigkeit wachsen.

Das Vorhandensein von Emotionen oder Vergangenheit in den Genitalien reduziert dramatisch die Empfindungen und den Genuss. Je mehr Emotionen oder Vergangenheit da ist, desto tauber wird das Gefühl der Liebe und desto geringer wird das Verständnis um die Bedeutung der Liebe. Da jeder Penis und jede Vagina mehr oder weniger mit selbstsüchtigen Emotionen verseucht ist, vermutet niemand, dass die köstliche Empfindung, die wir normalerweise beim Liebesakt haben, bereits leblos geworden und verzerrt ist. Deswegen sucht niemand nach der Freude, die natürlicherweise mit der göttlichen und selbstlosen Liebe verbunden ist. Es ist zu unglaubwürdig, entspricht zu wenig der normalen Erfahrung. Zu diesem außergewöhnlichen ursprünglichen Seinszustand möchte ich dich führen.

Wenn der Penis und die Vagina frei von Emotionen werden, dann lieben sie ekstatisch. Die Empfindung und Wahrnehmung ist so intensiviert, dass es zunächst scheint, als ob man das Bewusstsein verlieren könnte, weil der Genuss kaum auszuhalten ist. Im weiteren Verlauf ist die Wahrnehmung die, dass eine völlige Präsenz da ist als Bewusstsein der göttlichen Liebe, die gerade produziert wird. Da ist die grenzenlose Ausdehnung des Seins und der Freude und die Unmittelbarkeit des Geistes, was wir als Vereinigung kennen. Es ist ein Sein in der göttlichen Präsenz, eine gegenseitige Vereinigung.

Und da es einzig körperliche Liebe ist, die produziert wird, und keine Emotion oder Phantasie, und da Liebe - im Gegensatz zu Emotionen oder dem Orgasmus - kein Ziel hat, ist das gleiche herrliche körperliche und spirituelle Entzücken bei jedem darauf folgenden gemeinsamen Liebesakt wieder da. Es verändert sich nicht. Es hat nur Höhen und keine Tiefen, keine Launen, keine Verwirrungen, keine emotionalen Katastrophen. Es wird nur besser, feiner, göttlicher und realer, bewusster und präsenter. Und die Wahrnehmung der Liebe, des Göttlichen, und eines ewigen Sinnes wird wunderbarer, erhabener, bis die Ekstase zur Schönheit wird.

Wie du jetzt sicher verstehen kannst, geschieht dies selten. Es muss dem ein großes Stück emotionales und intellektuelles Sterben vorausgehen. Es bedarf einer Menge Arbeit an dir selbst und miteinander. Das Wunder aber ist: Es ist zu schaffen.

Ich habe beschrieben, was es heißt, im Liebesakt geistig präsent zu sein. Damit du verstehen kannst, was es heißt „spirituell präsent" zu sein, musst du den Penis und die Vagina spirituell verstehen. Denn beide sind spirituelle Organe und zusammen die Mittel aller Liebe auf der Erde.

Wenn Liebe Gott ist, wenn Liebe unsere eigene Göttlichkeit ist oder die höchste Qualität des Lebens, dann sind der Penis und die Vagina die Mittel dieser Qualität. Jeder Mann und jede Frau, jede Wahrnehmung von Liebe und Schönheit auf der Erde entspringen der Vereinigung von Penis und Vagina. Sogar homosexuelle Liebe ist ein fehlgeleiteter Versuch, zu dem göttlichen Zustand zurückzukehren, wo das männliche und weibliche Prinzip vereinigt sind, zu dem Zustand der Vereinigung, welcher Personen und persönliche Liebe transzendiert.

Um richtig zu lieben, muss der Mann lernen, während des Aktes sein Penis zu sein, sich seiner größeren Intelligenz zu überlassen, statt ihm seine unterlegene sexbesessene emotionale Mentalität aufzuzwingen, mit dem Ergebnis, dass der Penis seine eigentliche Aufgabe nicht erfüllen kann. Der Penis ist das feinste wahrnehmende Organ und Instrument des männlichen Körpers. Er hat sein eigenes Bewusstsein und seine eigene Wahrnehmung. Er ist das positive, aktive Organ der Liebe auf der Erde. Er weiß genau, wie er lieben muss und was er in der Vagina tun muss. Selbst im normalen, unbewussten Geschlechtsverkehr kann das Bewusstsein des Penis' gelegentlich die Führung übernehmen, und dann ist das Lieben überraschend gut und richtig. Aber das ist natürlich die Ausnahme, weil der Penis normalerweise als Instrument der Befriedigung für die emotionale Aggression des Mannes und der Selbstvergessenheit der Frau benutzt wird.

Die vaginale Höhlung repräsentiert die Leere in der Frau, ihre ewige Sehnsucht danach, von Liebe erfüllt zu werden. Der Penis steht für die einzige Liebe, die sie füllen kann, und solange der Penis nicht dort ist, können Mann und Frau nicht zufrieden sein. Der Penis in der Vagina symbolisiert das Füllen der enormen Kluft, die mit der Zeit zwischen den beiden Geschlechtern entstanden ist. Die Kluft, die die Welt erschaffen hat und durch die die Welt immer wieder geboren wird. Der vaginale Kanal in die Existenz ist dann symbolisch versiegelt. Die Höhlung und ihre fehlende Füllung haben sich gefunden und sind vollständig.

Wenn der Akt der Vereinigung vollzogen ist, ist die Suche der männlichen und weiblichen Lebensnomaden zu Ende. Mit anderen Worten, das Bedürfnis zu existieren hat ein Ende. Aber das Leben als Geburt und Tod geht weiter. Denn selbst in der Vereinigung sind der Penis und die

Vagina dazu verdammt, sich trennen zu müssen. Über dem Ort der Vereinigung ist der Schoß und der Wille der Schöpfung. Der Schoß oder der Wille, die Quelle der Existenz, erlaubt dem Mann und der Frau nicht, lange zusammen auf dieser Erde auszuruhen. Der Schoß oder Wille kann nie gefüllt sein wie die Vagina, denn der Schoß verlangt Geburt und Existenz. Das heißt, sogar wenn Mann und Frau, Penis und Vagina, ineinander Ruhe und Vollständigkeit finden, saugt der Schoß die Samen des Lebens auf, und ein weiteres ruheloses Teilchen des Lebens, ein weiterer Penis oder eine weitere Vagina, wird geboren.

*

Vorher erwähnte ich Vorspiel und Liebesspiel. Ich möchte, dass du verstehst, dass Vorspiel nicht Liebesspiel ist. Vorspiel ist das, was Menschen tun, um sich gegenseitig vor dem körperlichen Akt zu erregen. Es weckt Phantasien im Mann und Emotionen vergangener sexueller Erregung in der Frau. Vorspiel - wie es das Wort schon sagt - sind die Zärtlichkeiten und das Sich-Hineinsteigern, das im Voraus geschieht - vor dem sexuellen Akt. Es impliziert etwas, auf das man sich freut, das aber jetzt noch nicht da ist.

Das Liebesspiel dagegen genügt sich selbst. Es ist Liebe, und Liebe ist immer gleich, egal auf welche Weise sie praktiziert wird. Es gibt keine Vorfreude, denn das, was gerade geschieht oder getan wird, ist ganz einfach Liebe jetzt. Wenn der sexuelle Akt folgt, bleibt die Qualität der Liebe gleich, obwohl scheinbar eine größere Intensität da sein mag. Dies bedeutet, dass es beim Liebesakt, genau wie beim Liebesspiel, keine Vorfreude etwa auf einen Orgasmus oder ein Ziel hin gibt. Es ist ein Kontinuum an Genuss des Seins von Moment zu Moment, das keine Zukunft und ganz sicher keinen Bezug zur Vergangenheit hat. Jeder Bezug auf die Zukunft oder Vergangenheit wäre ein Gedanke, und im Liebesspiel und im Liebesakt kann kein Gedanke enthalten sein. Wenn es doch so ist, ist es kein Liebesspiel, sondern Vorspiel. Und es ist kein Liebesakt, sondern Sex.

Zwei Dinge wirken in der Interaktion zwischen Mann und Frau: Die Realität des Körpers und die Nichtrealität des emotionalen Selbst. Aufgrund der sexuellen Neigungen der heutigen Gesellschaft sind die meisten Männer und Frauen so besessen von ihren Emotionen, dass sie nie eine echte Verbindung mit den wahren Empfindungen des Körpers herstellen. Sie haben die Macht verloren, zwischen dem Körper und dem Selbst oder zwischen Liebe und Sex zu unterscheiden. Deswegen gibt es für die meisten Menschen keinen Unterschied zwischen Vorspiel und Liebesspiel. Sinnliche Stimulation ist dasselbe wie sexuelle Erregung.

Beim Vorspiel erregen Menschen ihr Selbst oder ihre Emotionen. Diese selbstsüchtige Erregung ist nicht sinnlich, nicht wirklich. Es ist ein Aufwühlen vergangener emotionaler Erfahrungen und Erwartungen. Es gibt keine Erregung oder Erwartung an die Zukunft im Körper. Der Körper wird durch die Präsenz der Liebe stimuliert. Aber diese Stimulierung beinhaltet keine Erregung.

Ebenso ist es beim richtigen Lieben nicht aufregend, wenn der Orgasmus geschieht. Es ist eine reine, sinnliche Intensität, ohne Emotion. Aber die meisten Menschen emotionalisieren die Empfindungen, indem sie sie durch ihre Gefühle interpretieren. Dies bedeutet normalerweise sehr viel weniger Genuss als der, den sie durch die direkte Empfindung erleben würden. Sie trinken

Wasser, aber merken nichts von der Welle. Das macht sie unzufrieden.

Wie ich schon sagte: Der Liebesakt geschieht in Wirklichkeit nur zwischen Penis und Vagina. Körperliche Liebe hat eine sehr grundlegende Funktion: Sie baut nämlich die Erregung im Unterbewussten bzw. im Selbst ab. Wenn ihr im Prozess der Liebespraxis fortfahrt und euch auf ein Minimum an Vorspiel einlasst, werdet ihr eine Stufe des Wissens erreichen, auf der ihr nicht mehr so erregbar oder projizierend seid wie am Anfang. Ein Beweis dafür wird ein spürbarer Rückgang in euch beiden in dem emotionalen Verhalten sein, das ihr früher als normal angesehen habt. Gleichzeitig wird Stille und Frieden in euch wachsen, und ebenso eine zunehmende subtile Unabhängigkeit von Sorgen und Ängsten des alltäglichen Leben. Wenn dies geschieht, ist es euch auch möglich, Liebesspiele zu spielen. Liebesspiel, das solltet ihr wissen, ist jedoch die seltenste Kommunikationsform auf Erden.

Jetzt werde ich etwas zu Fellatio und Cunnilingus sagen. Aber ich muss wieder betonen, dass diese Formen des Liebesspiels ihre tiefe Bedeutung als Mittel der Liebe verlieren, wenn sie irgendeine

Erregung oder irgendein Phantasieren im Mann oder in der Frau herbeiführen.

Es ist alles eine Frage des Bewusstseins, das heißt bewusster zu sein. Bewusstsein bedeutet Abwesenheit von Erregung, Abwesenheit von Wollen und Anstrengung, Abwesenheit von Projektion, Abwesenheit des Selbst. In der Abwesenheit bleibt das Bewusstsein. Bewusstsein ist die Macht, das wahrzunehmen, was über die Sinne oder den Körper geschieht, ohne vergangene Erfahrungen zur Interpretation heranzuziehen. Dies bedeutet, dass die Liebe beginnt, als Gefühl zu verschwinden und durch die direkte Körperempfindung des Genusses oder das Wissen darum ersetzt wird - wahrlich ein sehr seltener Zustand. So wie die meisten Menschen heute sind, wird der sinnliche Genuss im Licht der Vergangenheit interpretiert und ist daher nicht bewusst oder unmittelbar.

Das Bewusstsein verwandelt den körperlichen Akt in etwas Tiefes und spirituell Bedeutsames; wohingegen ein Mangel an Bewusstsein den Akt zu einer derberen und animalischeren Tätigkeit macht, die all die emotionalen Störungen und Konflikte hervorruft, die du in dir und um dich herum siehst.

Die Macht des Bewusstseins ist immer auf die Realisierung Gottes gerichtet, des Höchsten, des Nicht-Existierenden, und befreit das Sein von der alten animalischen Identifikation.

Bewusstsein ist Heiligkeit, weil kein Selbst in ihm ist, keine persönliche Befriedigung, kein selbstsüchtiger Antrieb. Um das Bewusstsein dreht sich diese ganze Liebeslehre. Deshalb muss ich jetzt zu dir von der Warte des Bewusstseins aus sprechen, welche auch die Warte Gottes oder der Liebe ist, und die du wie jeder andere auf der Erde als eigenes Sein zu verwirklichen suchst.

Im Bewusstsein repräsentiert die Frau den heiligen Schrein und der Mann den heiligen Huldiger dieses Schreines. Die Genitalien der Frau sind dieser Schrein, und die vitale Kraft im Penis des Mannes ist der Huldiger. Wir finden also in der Erfahrung des Menschseins das zwingende Bedürfnis des Mannes, dem Schrein zu huldigen. Sein größtes Verlangen ist es, vor dem Schrein auf die Knie zu gehen, dass die Wächtersäulen oder Schenkel sich für ihn öffnen, und dann den Vorhang des Schreines zu teilen und sein Mysterium zu schauen. Wie bei der Bundeslade.

Die Bundeslade war eine hölzerne Truhe, die die Israeliten durch die Wüste mit sich trugen. Sie soll die Tafeln mit den zehn Geboten enthalten haben; und nachdem diese verschwunden waren, die Rollen der Thora. Die Truhe befand sich hinter einem Vorhang. Nur dem Hohenpriester war es erlaubt, den Vorhang zu teilen und einzutreten. Und wenn er die Lade öffnete und hineinsah, fand er nichts - sie war leer.

Wenn der Mann in die Vulva schaut, die körperliche Entsprechung des Mysteriums der Frau, sieht er dasselbe: nichts. Aber das Nichts ist die Macht der Kommunikation, wenn er nur einfach schauen und sehen kann, ohne zu phantasieren oder sich mit dem alten animalischen Verlangen zu identifizieren.

Sein nächster Schritt ist es, den Schrein mit seinen anderen Sinnen zu erfahren, ihn zu berühren, zu schmecken, zu riechen und ihn schließlich mit seinem heiligen Instrument zur vollständigen Penetration zu betreten. All dies sollte in Anbetung geschehen, das heißt in Liebe, die jeden Gedanken und jedes Gefühl im Austausch des Bewusstseins zwischen den beiden transzendiert. Denn so wie der Mann bewusst schaut und sieht, so schaut der weibliche Part bewusst zu ihm zurück. Er schaut ins Auge Gottes in der Existenz.

Dies ist der Punkt, wo Mann und Frau als getrennte Wesen verschwinden und die mystische Vereinigung des Bewusstseins geschieht.

Indem er den Schrein berührt, können die Finger des Mannes ihren Weg in die Vagina finden. Dies sollte im bewussten Wissen darüber geschehen, warum er das gerade tut. Auf einer animalischen Ebene tut er es, weil er unbewusst dazu getrieben wird, und es dient wieder dazu, ihn und die Vagina durch Erwartung zu erregen, anstatt sie im Jetzt mit Sinn oder Liebe zu füllen. Für einen Mann, der sich seines Tuns bewusst ist, sind seine Finger eine Verlängerung seines heiligen Penis. Die Finger können Stellen in der Vagina erreichen, die der Penis nicht erreichen kann. Ihre Aufgabe ist es, die Membranen und Muskeln in der Vagina zu stimulieren und durch sie hindurch die Knochen der Höhlung. Seine liebenden Finger helfen, den manifesten Stau von Frustrationsspannungen im Bewusstsein der Frau zu entfernen, was sich vor allem entgegen dem heutigen Denken in ihren Genitalien konzentriert. Es ist ihr Entzücken, solche Liebe zu empfangen, und sein Entzücken, sie zu geben.

Für die Frau liegt die heilige Macht im Mann, das Mysterium, in und hinter dem Penis. Seit ihrer Kindheit ist sie von seinem Mysterium angezogen und neugierig, mehr darüber zu erfahren. Sobald sie zur Frau gereift ist, zieht es sie unwiderstehlich dahin, den Penis zu streicheln, die Macht von tief drinnen aufsteigen zu fühlen und ihn schließlich durch ihren Mund in sich aufzunehmen, in einem Akt reiner Liebe und Anbetung der Macht. Wenn der Mann erregt ist und sich irgendeiner gedanklichen Verbindung zu dem, was passiert, hingibt, wird sein Mangel an Bewusstsein in das Gehirn der Frau eindringen und ihr Bewusstsein trüben. Statt ihre Gedanken und Emotionalität zu verringern, wird seine Energie sogar beide eher verstärken.

Die Frau neigt weniger zum Phantasieren als der Mann, und dies macht sich bei ihr bei der Fellatio bemerkbar. Durch die Macht des Penis, und nicht seine Erregung, erfährt die Frau eine große innere Stille. Ihr Verstand und ihre Emotionen sind abwesend. Sie geht völlig auf in der direkten Kommunikation. Ihr Selbst verschwindet. Obwohl sie sich vorübergehend ihres Tuns bewusst werden mag, identifiziert sie sich immer weniger mit der Handlung, und sie betritt den Raum des transzendenten Bewusstseins. Transzendentes Bewusstsein wird als Unermesslichkeit, als Leere, als Schwärze wahrgenommen oder, vom Gesichtspunkt der Existenz aus, als Nichts. Aber es ist real, hat eine Qualität von Freude und Erfüllung und ist nicht als etwas Bestimmtes erinnerbar.

*

Ich vertraue darauf, dass du dieses Buch immer wieder liest und das, was ich geschrieben habe, in die Praxis umsetzt. Liebe oder Gott können nie das Thema einer philosophischen Übung sein. Liebe oder Gott sind zu real. Liebe oder Gott heißt, jetzt zu leben und zu handeln, nicht darüber zu spekulieren, nicht darüber nachzudenken. Ich vertraue darauf, dass ich in diesem Buch auf dem Boden der gesegneten Erde geblieben bin, so dass der Liebe oder Gott in deinem Verständnis wirklich gedient ist; nicht nur dann, wenn du Liebe praktizierst, sondern jetzt, wo du die Möglichkeit hast, all die Liebe zu sein, die du jemals praktiziert hast. Denn jetzt ist jeder Moment.

Durch das gemeinsame Üben des richtigen Liebens ohne Selbstsucht, ohne dem Streben nach emotionaler Befriedigung und Selbst-Befriedigung, wirst du der Verwirklichung des Bewusstseins oder der Liebe selbst näherkommen, ebenso wie der bewussten, zeitlosen Vereinigung des männlichen und weiblichen Prinzips als einer unbeschreiblichen göttlichen Präsenz, realisiert als deine eigene Realität: als dem erhabenen, selbstlosen Geist der Liebe und des Lebens.

Barry Long Bibliographie

Briefe in Liebe	*Param Verlag 2002*
Den Tod durchschauen	*MB-Verlag 2001*
Der Weg nach innen	*MB-Verlag 2005*
Ein Gebet für das Leben	*MB-Verlag 2003*
Liebe und Leere [CDs]	*MB-Verlag 2006*
Deine Liebe leben	*MB-Verlag 2009*
Meditation Grundlagenkurs	*Kamphausen Verlag 1996*
Nur die Angst stirbt	*Kamphausen Verlag 1996*
Selbsterkenntnis	*Kamphausen Verlag 1998*
Sexuelle Liebe auf göttliche Weise	*MB-Verlag 2001*
Stille ist der Weg	*MB-Verlag 2008*
Was Kinder brauchen	*Innenwelt Verlag 2007*
Was Eltern geben können	*Innenwelt Verlag 2007*
Zusammen Sein [CDs]	*MB-Verlag 2006*

Der jeweils aktuelle Stand deutscher Veröffentlichungen findet sich unter www.buchhandel.de

Hinweis für Buchhändler: Falls der Titel bei Ihnen nicht gelistet ist, überprüfen Sie bitte die Verfügbarkeit unter www.vlb.de. Danke.

Empfehlung:

Barry Long
Deine Liebe leben
Über Liebe, Sex und Beziehungen
ISBN 978-3-9807509-7-4
MB-Verlag

Ein Kurs im Leben und Lieben vom Autor von „Sexuelle Liebe auf göttliche Weise".
Dieses ganze Buch handelt von der Liebe zwischen Mann und Frau, der Romantik, von Ängsten und Zweifeln, sexuellen Problemen, der Schönheit, der Leidenschaft – alles Dinge, die zur größten Liebe von allen führen.

Warum gehen Beziehungen so oft schief? Was kannst du dagegen tun? Was ist eine ehrliche Beziehung? Wo ist die Romantik geblieben? Wie kann Sex zu Liebe werden?

Für Männer:
Du wirst es vielleicht nicht wissen, aber Freiheit liegt in der Liebe zur Frau.

Für Frauen:
Die Liebe ist kein verblasster Traum!